KAMINOGE

N° 147

Cover PHOTO:
HONNIN TEIKYOU

VOL.146

修行とは出直しの連続なり

プチ鹿島

プチ鹿島（ぷち・かしま）1970年5月23日生まれ。芸人。『教養としてのアントニオ猪木』（双葉社）好評発売中です。よろしくお願いいたします。

リング上でマイクを持ったプロレスラーが観客に何かを発する。古今東西の見せ場である。では、いままで誰の言葉にもっともしびれたか？　プロレスファンなら至福の振り返り。私は迷わず「藤原でございます。ただいま帰りました。猪木さんに命預けます」（1993年4月6日）をあげたい。

この日、両国国技館でおこなわれた新日本プロレスの『マグニチュードX』。興行を事前に伝える『週刊プロレス』の巻頭記事がまずおもしろかった。いまでこそサプライズという言葉は浸透しているが、来る4月6日の両国ではサプライズ的な展開が起きることを匂わしていたのだ。5月3日には初の福岡ドーム興行が発表されていたので、誰か、大物レスラーが参戦表明するのではないか？という予想が成り立った。私は密かに「藤原喜明ではないか？」と思い込んだのである。ひとりでワクワクし、自分の予想の結末を見るために大阪にある大学の学生寮から東京を目指した。それが1993年の4月6日だった。

すると休憩明けのリングにアントニオ猪木が登場した。国会議員となりセミリタイアしていた猪木はスーツ姿で大会場の休憩後のリングに登場するのが定番だった。この日の猪木は福岡ドームに出場することを発表。ファンが喜ぶなか、猪木は突如「かつて私の多くの弟子、選手が育ち、そして外に旅立ってまいりました」と語りだしたのである。そして「修行とは出直しの連続なり」という言葉をそらんじてみせた。「あ、藤原のことだ！藤原が本当に来るかもしれない！」と私がハッとした瞬間、猪木は「おーい、出てこーい！」と叫んだ。同時に館内には『ワルキューレの騎行』が鳴り響く。もう誰もが藤原喜明の登場を疑わなかった。約5年ぶりの新日本復帰だ。姿をあらわした藤原はリング上でマイクを握ると「猪木さんに命預けます」と冒頭の言葉を発した。たしかこのあと「5月3日、福岡ドーム、出させていただきます」と締めたと思う。この瞬間、私は福岡行きを決めた。それほど感激していた（予想が当たったことも含め）のである。

藤原喜明はこの日の挨拶について、堀江ガンツ氏が構成を担当した『猪木のためなら死ねる！』（宝島社）で詳しく述べている。

《あの日の両国の挨拶は、グダグダと長々しゃべってもしょうがないと思ったんだよ。日本人というのは俳句でもなんでも五七調が心地よくて好きなんだよ。言いたいことは簡潔に言わねぇとな。》

ああ、なるほどなぁ。観客のことをまず考えていたのか。ニュース番組やワイドショーのコメンテーターが見解を述べる場面をよく見るが「良いことを言っているのだろうけど全然頭に入ってこない」という人をたまに見かける。私は密かにそういう人を反面教師にして、自分はできるだけそういう場では簡潔に言うことを心がけている。でもそもそもは藤原喜明を見て学んでいたのかもしれない。それほどあの日のマイクは最高のインパクトだった。

『猪木のためなら死ねる！』は最高のお題に目を付けたと思う。プロレスラー・藤原喜明は誰もが尊敬し、愛し、語りたくなる対象だからだ。2月1日におこなわれた出版記念トークライブでは藤原組長出席のなか、堀江ガンツ、玉袋筋太郎という座組みに私も入れていただいて貴重なお話を聞いた。

組長が世に出た日といえば雪の札幌襲撃事件だが（説明省略）、あのとき中学1年生だった私は藤原について前座の鬼とか似顔絵の上手い人というイメージだったから抜擢感を感じたが、私より上の世代になると「あ、活字プロレスで評価が高かったあの藤原がついに出てきたんだな」という感慨があったという。アントニオ猪木はそういうファンの待望論、ひいては活字プロレスをちゃんと意識して「投入」したのかもしれない。

あの札幌の話になると藤原組長は〝スポーツドリンク〟をぐびぐび飲み、私たちの話をニヤリとしながら聞いていた。そしてポツリと言ったのだ。「猪木さんが（俺のことを）可哀想だと思ってくれたんだろな」。もう、この言葉だけで十分ではないか。何杯でもいける。沁みる。

道場では圧倒的な技術を誇り、猪木の海外の他流試合では常に猪木の傍らにいた組長。かつて新日本では「猪木はパーティーには藤波を、危険な場所には藤原を連れていく」という言葉があったという。そんな実力者が満を持して世に出た雪の札幌事件。そのあとはスイスイと40年も売れ続けている。

「チャンス」を一度でモノにしたのだ。ここをよく考えてほしい。芸能界でいうならいくら事務所が推したところで売れないものは売れない。それと同じようにプロレス界でもチャンスをことごとく逃してきたレスラーを幾人も見てきた（ような気がする）。だから藤原喜明はすべてのお手本なのである。

実力はもちろん、自己分析や見せ方のレベルの高さ（両国で見せた短い挨拶もそうだ）。この日のイベントでも観客が楽しんでいるかどうか常にさりげなく見ていた。本当にプロフェッショナルを直に感じた。私たちはスポーツドリンクと組長の言葉に酔い続けたのである。

HOLLYWOOD
CLUB
寄席 4 Life

CLUB
4 Life

ハリウッドザコシショウ

芸人 | 2016年『R-1ぐらんぷり』優勝

売れたい芸人必読!?

**お笑いの魔術! 最恐の演技!
ここまでリアルにブレイクするための戦略を
公開していいのか!?
そして狂い続けるために大切なこととは何か?**

「俺は死ぬ前日まで芸人をやりたいんですよ。
いや、死ぬ当日でもいいですよ。
じゃあ病気にならない努力もしなきゃ
いけないわけで、不健康な生活をしてちゃ
駄目ですよ。こう言うとまたケンコバから
『メディアでしょっぺえこと言ってる』
って言われるんだけど、やっぱやり
続けるための努力はしないといけないんだよ」

収録日:2024年2月9日　撮影:タイコウクニヨシ　聞き手:大井洋一　構成:井上崇宏

OLLYWOOD
CLUB

今年の3月いっぱいで放送作家を辞める鈴木おさむさんが、著書『仕事の辞め方』のなかで、仕事を辞める理由のひとつとして「40代はバランスを取ることが増えてきて、その結果ソフト老害になっているかもしれない。だとしたら誰かの迷惑になる前に辞めたほうがいいんじゃないか」ということを書かれていた（※ソフト老害については本を読んで理解してください）。

ボクは今年47歳で、まさに、ソフト老害ど真ん中世代で、いますぐとっとと辞めたほうがいい年齢なんですけど、でも全然辞めたくないんです。誰にどう迷惑がかかっていようが辞めたくないんです。

ハリウッドザコシショウがフジテレビのトーク番組『トークイーンズ』に出演されたとき、クルマの運転をしない理由について「事故を起こしたらお笑い芸人やれなくなっちゃうから。学生のときからお笑い芸人をやろうと思っていて、やっとなれたのに絶対に手放したくないよ」と語っていました。

まさにボクもその気持ちで、好きで始めたこの放送作家という仕事。やっとなれたのに、絶対に辞めたくないよってことで、辞めないための心得をハリウッドザコシショウに聞いてきました。（大井）

「俺はずっと芸人をやれるほうがいいし、死ぬまで芸で売っていきたい。だからアイツ（ケンコバ）の言いなりになってるとバカを見るよ」

――『水曜日のダウンタウン』の先日のオンエアで、ケンドーコバヤシさんが「アイツ（ザコシ）とは養成所時代に『一生狂っていようぜ』って誓ったのに、すっかり真面目になってしまった」っていうような話をされていましたよね。

ザコシ　いやいや、っていうか、俺らが「一生狂っていようや」って話をしたことをテレビで発言すること自体が狂ってないからね？　「俺らはそんな熱いことを言ってたんだよ」って、ちょっと美談にしようとしてるじゃないですか。そこで「ギャー――!!」とか叫ぶくらいのほうが全然狂ってるよ。

――「おまえこそ狂ってないだろ」と（笑）。

ザコシ　アイツこそ、めちゃくちゃ真面目な人間だからね。不祥事とかまったく起こさないじゃないですか。ちゃんとわきまえてるんですよ。まったく狂ってないよ。

――ケンコバさんは、じつは凄くバランス感覚がいい人だと。

ザコシ　安全運転。モストセーフティですよ。

――モストデンジャラスじゃなかった！（笑）。

ザコシ　アイツはコンプライアンスに触れるような発言とか

行動をいちばん嫌うからね。コロナのときだって、舞台で絡むってところでアイツに「おい、マスクしろ!」って言われて、俺はマスクしてからラリアットを入れてましたから。俺がR－1を獲ったときも、なんだあれは? アイツは「しょっぺえな、おめえ。涙ぐんで、あそこで目録を持ってきた人になんでドロップキックせえへんねん」って言ってきやがったんですよ。

——チェックが厳しいですね(笑)。

ザコシ 「じゃあ、おまえならやったんか?」って聞いたら「俺だったら絶対にやった」って。絶対にやらへんからね。そんなのやったら大惨事でしょ。アイツはいまからコンテストに出ることもないからそういうことを言うんですよ。そりゃ本当にやったらおもろいっちゃおもろいですけど、そうしたら危険人物扱いでフィーチャーされるから、芸能界で1周もしないうちにキツくなってくるよ。ずっとそういうことを求められるから。

——壊し続けなければいけなくなる。

ザコシ 俺はずっと芸人をやれるほうがいいからね。死ぬまで芸で売っていきたいよ。だからアイツの言いなりになってるとバカを見ますよ。

——芸人として狂っていることは大事なことではある、という意識ではあるんですか?

ザコシ それはキャラでですよ。狂ってるキャラをやるっていうのは大事だし、やっぱりおもしろいからね。言うたら俺らって同門だったんですよ。出が同じというかね。

——同じ道場で研鑽を積んでいた。

ザコシ 同じ道場ですよ。そこでおもしろいと思うものも一緒だったんだけど、歳をとって芸風が固まるにつれて得意分野っていうのが出てきて、ケンコバの場合はトークで、俺はギャグとかそっち寄りだったというだけの話。

——途中で東京に出てきて、シショウは事務所も変わったとかありながらも、ずっとお互いを意識する部分はあったんですか?

ザコシ そりゃありますよ。いまだにずっといじってこられるけど、そこで逃げるんじゃなくて「何が悪いねん!」って俺はいじりに応じますからね。そこで「いやいや、違う! それは絶対に違う!」って全否定して逃げるヤツがいるんですけど、それは笑いにならないんですよ。「なんやねん、おまえ! いいじゃねえかよ!」って返さないと。

——そこは受けなきゃいけないよってことですよね。

ザコシ プロレスの受けの美学。絶対にそれはなきゃいけない。

——長年、お互いに攻撃を受け合っているわけですね。

ザコシ 受け合ってますよ。俺がね、真面目に受け答えをしたインタビューとかがネットにあがっているのをアイツはい

HOLLYWOOD
CLUB

ちいち見てるんですよ。それでアイツはメディアとかで「あんな芸風で真面目に語りだしたら終わりだ。ハリウッドザコシショウはオワコン」ってガンガン言うから。

「お笑いを真面目にやり始めたのはピンになってから。よしもと時代は同期から『おもろいなー』って言われてりゃ楽しかったんですよ」

――「売れたら急に語り出して、アイツは終わってんな」と。

ザコシ　べつにね、それもあってのいまの俺の芸風だと思うんですよ。俺がただただ本当に破天荒なだけのヤツで、まともに話すこともしなかったら、たぶん今日もここには呼ばれてないし、審査員の仕事も来ないし、トーク番組にも呼ばれない。芸人がどうしたらこっちのメインに来れるかっていうと、自分の意見だとか感じたことを素直な気持ちで語れるかどうかですよ。キャラで固められているうちは素直な気持ちって言えない。そういう芸人ってまだまだですよ。

――そういうことは昔から考えていたんですか?

ザコシ　昔はいっさい考えなかった。なんとか売れたい、なんとか爪痕を残したいっていうので必死なんで。ただウケりゃよくて、そのウケた先というのを見てなかった。俺もしばらくはそんな感じでしたけど、あるときから「どうしたら売れるかな……」ってことを真面目に考えだしたんですよ。

――それはコンビでG☆MENSをやっていたときじゃなく、ひとりでやり始めてからですか?

ザコシ　俺はそうです。お笑いを真面目にやり始めたのはピンになってからなんで。よしもと時代はそういうことは考えてなくて、同期がいて、同期と一緒にいろいろやって、同期から「おもろいなー」って言われて楽しかったんですよ。おもろい先輩が家に来て遊んでるのがおもしろかったんですよ。だから「毎日こんなんでいいな」って思ってたんですよ。

――ずっとこの青春が続けばいいと。

ザコシ　だから「コントをやるときにベタもやらなあかん」ってことはいっさい考えなかった。フリがあってボケるところを、俺はボケだけを闇雲にやってただけの状態だったんですよ。やっぱりフリがあってボケたほうがウケる、普通の筋があったほうがウケるっていうことがまったくわかっていなかった。同期のみんなは教えてくれないから。

――それでも楽しくやれてはいた。

ザコシ　楽しくやってたんですけど、ハングリー精神とかがまったくなかったんで。それで、よしもとの2丁目劇場が閉館することになって、そのあとできるbaseよしもとに移行するってときに「ちょっと芸人が多いから何組か辞めさせたい」っていうプロジェクトがあって、それにまんまと入っちゃって。

――辞めさせられるほうに入ってしまったと。

ザコシ　それで「オーディションから始めてもらうよ」って言われたんですよ。どうせオーディションだったら東京のほうがいいなと思って、他事務所のオーディションに行ったんですよ。

――それで東京に出てきたんですね。

ザコシ　よしもとってやっぱり恵まれてるんですよね。劇場もあって、オーディションもくれるっていうのがあるから、「普通にぬくぬくとやっていても売れるんだろうな」ってことを思ってたんだけど、そんなことはなかった。10年経ったときに全然売れてない。それで東京に来たら、言うたらライブに出るのに自分が申し込まなきゃいけないし、お金を払わなきゃいけないし、オーディションの数もよしもとよりもないから、まあ厳しい。その現実を突きつけられたのが最初ですかね。

――じつはボク、シショウがナベプロでネタ見せをやってるときにいたんですよ。

ザコシ　えっ!?　作家でいたんですか?

――はい。それで「あっ、G☆MENSさんってナベプロなんだ」って驚いたんですけど、どうしてナベプロだったんですか?

ザコシ　いや、よしもと以外のいろいろな事務所を転々とまわってたんですよ。「もうどこでもいいや!」って感じで。それでたまたま電話したのがナベプロで「いいですよ。来てください」って言われたのがそこですね。

――じゃあ、しばらく在籍していたんですか?

ザコシ　そうです。1年半くらい在籍していたんですかね。社員がボクらのことを知っていて、「ええやん。即戦力だ」ってことでトントン拍子でいろんなところのオーディションに受かるんですよ。レギュラーになったりもして。ただ、そのレギュラー番組が1年半経ったら全部終わっちゃって、そこで相方が「もう辞める」って言い出して、「じゃあ、俺はひとりでやる」ってなったんですよ。でも、やっぱひとりではそううまいこと行かないから、俺もナベプロを辞めたんですよ。

「2015年のR-1で3回戦で落ちた理由がわからなくて、ほかの芸人に聞いてみたら『黒ブリーフに変えたほうがいいよ』って」

――ナベプロを辞めても、芸人は続けるわけですよね。

ザコシ　いやいや、そこで1回辞めましたよ。

――あっ、そうなんですか!

ザコシ　辞めて漫画家になろうと思って。でも1年やったけど、まったく鳴かず飛ばずで。4コマ漫画を描いて出版社に持ち込みに行ったらボロクソに言われてね。芸人っていうことは伏せてたんですけど、「こんなつまんねえ漫画、見たことねえよ」って。「4コマってのは、振って、振って、振って、最後のコマで落とすんだよ。キミはそれができてないからお笑いのビデオを観たほうがいいよ」って。

——アハハハハ！　「キミは笑いの基礎がまったくできてないよ！」と（笑）。

ザコシ　「最悪だ。なんで漫画の担当者にこんなこと言われなあかんねん……」と思って。俺はあえてシュールなことをやってるのに、門前払いとはまさにこのことだと。

——一念発起して漫画家になろうとしたけど、どうにもならなかった。

ザコシ　そりゃ漫画家って厳しい、映画監督よりも難しいって言われてるくらいですからね。それで漫画家をあきらめた状態で、コンビニとかコールセンターのバイトとかをやって、芸人もそうだけど、それまでやったいろいろなことを横並びにして考えて、もう1回何かやるとしたら、自分は何がいちばん秀でてるかと思ったときに「10年やったお笑いかな」って。そのお笑いもそれまで真面目にやっていなかったから、真面目にもう1回やったらいいんちゃうかと思って、始めたのがピンですね。

——芸の努力もめちゃくちゃ難しいですよね。そこで「やっぱり芸で食っていこう」となったとき、まず何をやるんですか？

ザコシ　まずはコンビ時代のネタ帳を見返して、それをひとり用にしたんですよ。でもコンビのネタをひとり用にすると凄い縮小感が出て、やっぱりパワーダウンするんですよ。だから1から考え直さなあかんなと思ったとき、「ケンコバのネタってどうやってるのかな？」って見てみたら、昔、俺とライブをやってたときのユニットネタをひとり用にしていたんですよね。「古舘伊知郎と山本小鉄の漫才」っていうユニットコントの山本小鉄だけを切り抜いてひとり用にしてるんですよ。「ズルいな」と思って。

——ケンコバさんは、ふたりでやるネタをうまく縮小してやっていたんですね。

ザコシ　それと俺とはもう1個、アシュラマンとサンシャインのネタをやってたんで、俺も自分がやってたアシュラマンのところを切り抜いて、ひとり用にしてやったら『あらびき団』のオーディションに受かったんですよ。そこからはそういう形のネタをずっと『あらびき団』でやっていくんですよ。

——そこである程度は掴めてくるんですか？

ザコシ　掴めるっていうか、急に出囃子が鳴ってなんの説明もなくアシュラマンの格好をして出てきて、「カッカカッカッ」ってずっとアシュラマンにちなんだボケをするんですよ。それってマニアックな人にはバカ受けするんですけど、『キン肉マン』を読んだことがないっていう人はもうポカンとしてるわけですよ。そこまで第三者の意見とかを採り入れてなかったから、「まあ、これでもええやん。『あらびき団』も出てるし」と思って、そこからキャラ漫談を量産するんですけど、R－1に受からないんですよね。

――マニアック過ぎて大衆性がない。

ザコシ　そうこうしてるうちにバイきんぐがキングオブコントで優勝して売れちゃった。言うたら俺の弟子みたいなヤツらが先に売れちゃって、もう先輩の示しがつかない状態のときに『あらびき団』が終わってネットに移行するとなって。そのときにキャラ漫談は権利モノだからきついかもしれないってことで、「何か別のネタはありませんか?」って聞かれて「どうしよう……」と思って。

――状況的にも、マニアックから一歩先に進まなきゃいけなくなったんですね。

ザコシ　それでケンコバと一緒にやってたライブで、ユニットのコント以外に「ものまね十番勝負」っていうコーナーがあって、同じテーマを10個決めて、交互にものまねをやってたんですよ。そのものまねのシステムはいいなと思ってたから、単独でも「ものまね30連発」ってことでずっとやってたら、そのコーナーがいちばんウケてたんですね。そこで「これを30連発じゃなくて5分くらいにしてやっていけないかな」って始めたのが『あらびき団』のネットのとき。そこで当時だと野々村議員のものまねとかをやってたんですよ（笑）。そうしたら2012年に「あら－1グランプリ」っていう『あらびき団』のグランプリで優勝して。それから2015年のR－1ぐらんぷりでもやったら、めちゃくちゃウケたんですよ。

――いわゆる誇張しすぎたものまねシリーズですね。

ザコシ　そうそう。でも3回戦で落ちた。「なんで落ちたのかな?」ってその理由がわからなくて、ほかの芸人にも聞いてみたら、そのとき俺は白ブリーフでネタをやってたんですけど、「白ブリーフはちょっと生々しいから、黒ブリーフに変えたほうがいいよ」って言われて。ネタはもう落ち度がないから、じゃあちょっと変えてみるわってことで黒ブリーフでやり始めたら、もっとウケるようになったんですよ。それで翌年の2016年に優勝したっていう。

「食えなくてもいいっていうのは美学じゃなくて趣味になっちゃうんですよ。お笑いの仕事でカネを稼いで生活していかないとプロじゃない」

――ブリーフの色を変えただけで。でも、もしもそのときボ

BULL
CLU
LLYWOO

クがシショウに意見を求められたとしたら、「やっぱ白ブリーフは生々しいですよ」とは言えないんですよね。「白ブリーフのほうが狂ってるよな」って思っちゃうので。

ザコシ　そうですね。だからやっぱね、「もっと狂っててほしい」っていうのはプロの目なんですよ。

——あー、なるほど。

ザコシ　やっぱなんだろ、庶民的になるっていうのはちょっとだけ順応しなきゃいけないというか、ちょっと寄せないといけないっていうか。ネタをおもしろくないようにすることは「媚びてる」ってなるけど、そうじゃなくて「視聴者のレベルに落としていくんじゃなく、どうしたら視聴者にわけわからないことを伝えられるか」っていうことなんですよ。

——落とす、上げるの高さじゃないってことですね。

ザコシ　そう。高さは同じままで届かせるってことですよね。その努力をしたのがあのR－1での形かもしれないですね。

——先にバイきんぐが売れ始めたとき、やっぱり焦りはあったんですか？

ザコシ　めちゃくちゃありましたよ。弟子が師匠を超えるってあまり笑えないですもん。

——「示しがつかんな……」と（笑）。

ザコシ　示しがつかないですよ。だってね、歳いったひとりよがりの食えない芸人って目もあてられなくて。やっぱ「食えてこそ」なんですよ。

——「好きなことやってるから食えんでもええやん」っていう美学もあるじゃないですか。

ザコシ　それは美学じゃなくて趣味になっちゃうんですよ。プロだったらお金を稼がないといけない。ＹｏｕＴｕｂｅでカネを稼いでるからユーチューバーなんであって、ＹｏｕＴｕｂｅでカネを稼いでないヤツはユーチューバーじゃなくて普通の人。芸人だったら、お笑いの仕事でカネを稼いで生活していかないとプロじゃない。それはそうですよ。

——最初は同期のみんなと一緒にワイワイやって、「おもろいな～」「スベったな～」とか言って楽しかった時代から、「やっぱメシ食えなきゃ芸人じゃないよな」っていうふうになっていったと。

ザコシ　でも、その時代も糧にはなってるんですけどね。その10年は無駄じゃなく、その10年を経てのいまだからそれは必要だったんですよ。だから俺はいまの土台となる下積みの10年だったと思ってます。ここまで24年かかりましたけど、言うてもちょっと焦り出したのは22年目くらいかな。

——つい、このあいだですね。

ザコシ　戦略とかいうのはそこらへんからですね。『あらびき団』が終わったあと、ピン芸人で単発の番組に呼ばれるんですけど、どうしてもつながらないんですよ。全然売れなくて。

「じゃあ、どうしたら売れるのか？」って考えたときにやっぱりR－1で優勝、または優勝に匹敵するような爪痕を残さないととなって、じゃあ、R－1は3分間。無駄なぶんはやっぱ取らなきゃいけない。どれだけ動きが好きであっても笑いにならないんだったら捨てる。そういうブラッシュアップをしないといけなかった。

――しっかりと戦略を立てたネタ作り。

ザコシ　でも戦略を立てても、R－1の予選って水物なんですよ。たとえば「今日は俺のことを知らんかったからウケへんかったな」っていうのは命取りなんですよね。だから絶対に俺のことを知ってるお客さんじゃなきゃいけないと思ったから、R－1の予選の何カ月か前から俺はずっとドラクエのキャラのものまねをツイッターでやってバズらせたんですよね。あれは予選のためにやったんですよ。

――へえー。まずは周知させておいて、「あっ、アイツ、ドラクエのヤツじゃん！」ってなったらお客さんは笑いやすいってことですよね。

ザコシ　「知ってる、知ってる！　ザコシ知ってる！」っていうお客さんで満員にしたかったんですよ。そうしたら、まんまと有吉（弘行）くんとか宮迫（博之）さんのようなめちゃくちゃ売れてる人がリツイートしてくれたんで。もう1個のツイートにいいねが何十万ってついたんですよ。バイトをしてたら携帯がずっとブルンブルンなってるなと思ったら、みんなのいいねが止まらなかったんですよ。そのときに「これはなんとかなるな」って思いましたね。

「べつに狂ってなくてもいいと思うんですよ。自分のやりたいことを200パーセントくらい演じられているかどうかがすべて」

――いま、芸人さんから非常にリアルな戦略を公開してもらってるんですけど、これは売れたいと思っている芸人さんたちにとって、凄く参考となるテキストになりますよ。

ザコシ　売れてない人はね、共通してるんですよ。お客さんがいるのにひとりよがりなことをやってるんですよ。お客さんってローカルなことを言ったほうが笑うときがあるんですよね。

――営業なんかはそうですよね。

ザコシ　でも、それって間違ってるんですよ。R－1の予選ってずっとフラットなんですよ。そこでフラットなボケをやってウケを取らなきゃいけなくて、予選でローカルな身内ネタみたいなのをやって、たとえウケても落とされるんですよね。そこを勘違いしちゃ駄目で。俺もずっとそうでしたからわかるんですよ。あとは笑いの量。予選って「めっちゃウケたな

〜」っていうヤツのほうが落ちる。

――えっ、それはどういう理由で落ちるんですか？

ザコシ　準決勝まで来ると、R－1もM－1もキングオブコントもみんなウケるんですよ。

――そこまで残っている精鋭たちですからね。

ザコシ　だから、みんなが取ってるような笑いの量だとまず通らない。みんなウケてるのに何組くらいにしか絞らないといけないとなったら、めっちゃわけわからないことをやってるか、めっちゃセンスがいいかで突き抜けてないと受からないですから。

――やっぱり、そこでは横も見るんですか？「アイツがああいうことやってんなら、俺はこういうことをやらなきゃな」とか。

ザコシ　横は気にしないと無理かなっていうのはやっぱありますね。同じようなネタだったら、たぶんどっちも通らないんですよ。

――「よくあるな」ってなっちゃうわけですね。でもシショウのネタでも「あっ、かぶったな……」ってことってあるんですか？

ザコシ　まあ、ないですけどね（笑）。ないんだけど、「ボケの質がかぶった」っていうのはあるから、そこはかぶらないようにしなきゃいけないですね。誰もがやってないボケじゃ

ないといけない。

——かつ広くに届けなきゃいけないってことですよね。そうして芸人としてストイックに真面目に芸事と向き合っていくなかで、とはいえ、芸人という存在って、やっぱり普通じゃないほうが魅力的ではあると思うんですよね。そこはどうにか培っていけるものなんですか?

ザコシ　あのね、狂ってなきゃいけないっていうわけじゃなくて、自分のやりたいことがある芸人は絶対的にいいんです。「自分のやりたいことがなきゃいけない」っていうのがまずあって、そのやりたいことをどうやってネタに落とし込んでいくかっていうところですよね。べつにそれが狂ってなくてもいいと思うんですよ。「自分のやりたいことを200パーセントくらい演じられているか、どうか」がすべてかな。やらされてる感が出たら絶対におもんないから。でも、いまどきの芸人って自分のやりたいこともわからないようなヤツがけっこういますね。

——そこで客に合わせたりしちゃう。

ザコシ　客に合わせなくていいんですよ。客に伝えりゃいいんです。料理を作っているシェフでも、「ここが美味しいです」「ここはこうやって食べてください」ってお客さんに伝えられるヤツと、なんとなくマニュアルに沿って作って出したから自分で料理の説明ができないヤツがいると思うんですよ。たぶん自分で伝えられる人の作った料理のほうが美味いはずですよ。

——最近のお笑いの風潮に関して、感じることはありますか?

ザコシ　言うたら常軌を逸した人があまりいないと。昔はたけしさんもそうだし、西川のりおさんもそうだし、島崎俊郎さんもそうだし、さんまさんもそうだし、唯一無二のキャラの人がいっぱいいて、俺らはそれを見て育ってきたんですよ。それがどんどんコンプライアンスだなんだと、そういう人が排除されて少なくなってきたと。テレビ番組も昔だったら通せたやつがどんどん通せなくなってきてスマートになってきてると。いまはそれを観て育ってきたヤツらが芸人として出てきてるから仕方がないんですよ。

——そうなるよなと。

ザコシ　俺はずっと竹中直人さんが好きで、あんな人はいないじゃないですか。それをやっぱり肌で感じてきたわけですから。「ああいう芸人になりたいな」って心底思って、ずっとそこを追い続けてきて、自分なりに吸収したものをアレンジして、いまに至るわけですからね。そこはね、やっぱほかのヤツには負けねえなっていう自信はありますよ。

——これから飛び抜けた異端の芸人が出てくるには、そういうタイプが活躍していなきゃいけないという前提がいるわけですね。

ザコシ　いまは数えるくらいしかいないでしょ。俺、くっきー!、RG、永野……。

——もうだいぶ高齢化ですよ（笑）。

ザコシ　その下だと天竺鼠とかで、またその下っていったらあまりいないですよね。ただね、そういう人が出てこないかぎり俺の仕事がずっとあるから（笑）。出てきたら商売あがったりだから、このままのほうが俺はおまんまにつながるんで、これでいいですよ。

「人気者になりたいっていうのはありますけど、モテたいはもう本当にいいっすわ。モテてその先にあるのは女性でしょ。必要ないじゃないですか」

——誰にも存在をおびかされることなく、このままで（笑）。

ザコシ　俺はずっと芸人をやっていたいんですよね。いまは昔みたいな飲む、打つ、買うみたいなことって無理じゃないですか。無理となったら、やっぱやらないですよ。排除されてしまうから。

——排除されてしまうことが何よりも怖いってことですか?

ザコシ　いや、俺はやれないからフラストレーションが溜まるとかないんですよ。内気だし（笑）。

——もともと（笑）。

ザコシ　そう。女のコとしゃべるときも緊張するしね。だからナンパしてどうのこうの、ヤりたいとかってないんですよ。だって昔からあまりヤってないから（笑）。

——社会の目が厳しくなろうが影響はないということですね（笑）。

ザコシ　それよりも番組ですよね。番組のなかで変なことをやって炎上しちゃうとか、それが嫌だなっていうのはあるんですけど、プライベートでの素行がどうとかっていう感じではないですね。あと免許は持ってるけどクルマの運転はしないとかね。だってクルマの運転って怖えですからね。人身事故なんか起こしてしまったら、そんなのもう笑えないっすよ。だから運転が得意な人がやればいい。

——芸人で成功して、いいクルマに乗りたいとかってあるわけじゃないですか。

ザコシ　あっ、ない。

——いい服を着たい、いい時計を着けたいとか。

ザコシ　服はあるけど、いい時計を着けたいとかいいクルマに乗りたいはないんですよ。それだったらちょっといいフィギュアとかカメラとかがほしい。ＹｏｕＴｕｂｅを撮るから最近テレビ局がロケで使うようなカメラを買ったんですよ。映像ミキサーもローランドのいいやつを買って。カネはそういうのに使うから。

——芸人のモチベーションって、もちろんウケたいがあって、その先にモテたい、人気者になりたい、って誰しもがあると思うんですよ。

ザコシ　人気者になりたいっていうのはありますよ。でもモテたいはもういいっすわ、本当に。もう必要ないじゃないですか。モテてその先にあるのは、女性でしょ。もう結婚してるから無理なんですよ。「じゃあ、べつにいらないわ」って。

——欲望を求めた先に破滅があることが怖い。

ザコシ　だってまたバイトしなきゃいけないんですよ？　水道検針とかすげえ寒かったんだから。なにより、いまお笑いの仕事をやっていて楽しいからね。

——やっぱり芸人という仕事をいつまでも続けたいっていう気持ちはありますか？

ザコシ　そりゃそうですよ。死ぬ1日前くらいまでやりたいですよ。ホント、ホント。死ぬ当日でもいいですよ。

——芸をやりながら死んでいくのが幸せ。今日は本当にリアルなお言葉ばかりいただいてありがとうございます。

ザコシ　いやいや、全然。俺の体験談で言ってるだけなんで。べつに俺から一生懸命に「言わせろ！」じゃなくて、こうして「聞かせてください」って来たときに言うっていうスタンスで俺は今後もやっていきますんで（笑）。自分の意見の押し売りは絶対にしないし、自分から理論を言わせろっていうことは絶対にしたくないから。

——「一生狂っていようぜ」という話のアンサーとしては、「狂い続けるためには、真面目に向き合わなきゃいけないことがあるよ」ということでしょうか。

ザコシ　不健康な生活をしていて、それで病気になってやれなくなるのも駄目だしね。体力的にやれなくなるのも駄目だし、だったら病気にならない努力をしなければいけないわけで、酒を毎晩飲むわけにはいかないじゃないですか。そこもバランスを取ってないといけない……って、何を言わせてるんですか（笑）。

——アハハハハ。シショウの裸って、ちゃんとおもしろい裸なんですよね。ハリもあって、歳をとってる感じもしないし。

ザコシ　だるだるになったら終わりなんですよ。だからご飯を食べ過ぎないようにしてるんですよ（笑）。

——だけどスッキリさせたいわけではない。

ザコシ　そうそう。この状態を保っていかなきゃいけないっていうね。それを努力って言うと、またケンコバから「またメディアでしょっぺえこと言ってる」ってなりますけど、それはやっぱね、努力はしないといけない。

ハリウッドザコシショウ
(Hollywood Zakoshisyoh)
1974年2月13日生まれ、静岡県清水市出身。芸人ソニー・ミュージックアーティスツ所属。
1992年にNSC大阪校に11期生として入学し、翌1993年に高校の同級生の静岡茶っぱとのコンビ「G★MENS(ジーメンス)」としてデビュー。また同期のケンドーコバヤシと「ザコバ」というユニットを組んだりもしていた。1999年、吉本興業を辞めて上京してワタナベエンターテインメントと契約する。コンビ解散後、2002年よりソニー・ミュージックアーティスツ所属となりピン芸人としての活動を開始。『あらびき団』(TBS)には初回から出演、最多の出演回数を誇り、「キング・オブ・あらびき」と称される。そして2016年の『R-1ぐらんぷり』優勝によりブレイクを果たし、お茶の間に旋風を巻き起こし続けている。

大井洋一(おおい・よういち)
1977年8月4日生まれ、東京都世田谷区出身。放送作家。『はねるのトびら』『SMAP×SMAP』『リンカーン』『クイズ☆タレント名鑑』『やりすぎコージー』『笑っていいとも!』『水曜日のダウンタウン』などの構成に参加。作家を志望する前にプロキックボクサーとして活動していた経験を活かし、2012年5月13日、前田日明が主宰するアマチュア格闘技大会『THE OUTSIDER 第21戦』でMMAデビュー。2018年9月2日、『THE OUTSIDER第52戦』ではTHE OUTSIDER55-60kg級王者となる。

HOLLYWOOD
CLUB
寄席 4 Life

バッファロー吾郎Aのきむコロ列伝!!

第146回 紙パンツ

先日、大腸ポリープ検査で紙パンツを穿いたときに、昔、紙パンツ一丁でブチギレたことを思い出した。

大阪にいた頃、かなり身体が疲れていたので、知人がおすすめしてくれたリンパマッサージ（エッチではなく健全な）に電話すると受付らしき女性が出た。

「もしもし、〇〇（店名）です」

「11時から予約をお願いしたいのですが」

「11時は無理で、12時半ならいけます」

「12時半だと施術開始は12時40分頃ですよね？ 14時から仕事なのでまた今度にします」

「なら12時15分に来てください」

「えっ、さっき12時半と？」

「12時15分に来てください」

急にわけのわからない対応だったが、かなり身体が疲れていたので、

「わかりました。ただ先ほど言った通り14時から仕事なので、12時頃に伺うので12時15分から施術を始めてほしいのですが可能ですか？」

「問題ございません。12時15分から施術開始でお待ちしております」

それなら仕事場にギリ間に合うので予約して心斎橋へ。12時頃到着すると、さっき電話対応してくれた女性の声だったので、

「ややこしいお願いをしてすいません」と謝ると、受付の女性は笑顔で、

「いえいえ。木村様、どうぞこちらへ」

と案内してくれて個室へ。そこで紙パンツ一丁になりベッドに横になった。

時計を見ると12時15分。だが施術が始まる素振りがない。そもそも11時の予約を断られたのは先客がいるからと思っていたが、私以外にお客がいる気配がしない。なのに12時20分になっても30分になってもマッサージ師が来ない。紙パンツで天井を見上げて待つこと20分。12時35分になっても来ないので、このままでは仕事に間に合わな

バッファロー吾郎 A

バッファロー吾郎A/本名・木村明浩（きむら・あきひろ）1970年11月24日生まれ/お笑いコンビ『バッファロー吾郎』のツッコミ担当/2008年『キング・オブ・コント』優勝

いからキャンセルするために紙パンツを脱ごうとした瞬間にさっきの受付の女性が部屋に入って来て、

「トマトいります?」

と、トマトをかじりながら小脇に抱えた段ボール箱を差し出してきた。中には美味しそうなツヤのある小ぶりのトマトがたくさん入っていた。

「何がトマトじゃァァ!」

咄嗟にブチギレてしまった。最初の変な電話対応といい、客は私ひとりなのに時間通りに事が進まないことといい、すべてがこの受付の女性のせいなのは間違いなかった。ただ紙パンツ一丁でキレてるのがもの凄く恥ずかしかったので、「受付に戻ってちょっと待っとけ!」と言い、着替えてから受付へ。

「俺、アンタに言うたよな?」

受付の女性は「えっ、何が?」といった感じのとぼけたリアクション。それを見て余計に腹が立ち、

「もうアンタじゃ話にならんから店長呼んでくれ」

「店長は今日いません」

「じゃあ今日いる一番上の人は誰や?」

「オーナーです」

「じゃあオーナーを呼んでくれ」

そう私が言うと、女性は受付奥のドアを開けて部屋へ入って行った。

待つこと数分。受付の女性がひとりで戻ってきた。

「俺はオーナーを呼んでくれって言うたんや。なんでアンタひとりなんや?」

すると女性から信じられない言葉が返ってきた。

「私がオーナーです」

もう怒りを通り越してこの女性の思考回路に興味津々になりそうだったが、「嘘つけ!」と私が怒ると「ホンマです、信じてください!」と逆ギレしてきた。ホントにこの女性がオーナーなんだろう。

「アンタがオーナーやったら、なんでドア開けて部屋へ入って行って俺を待たすねん。ここで『私がオーナーです』って言えばええやろ?」って言い返すと、

「なぜでしょう?」

と聞き返してきたので「俺に聞くな!」と一喝。

「そもそもマッサージの人はどこにおんねん?」

「私が担当します」

「はあ? ホンマ意味わからん。アンタ、客を待たせてトマトを差し出してくるってどういう神経しとんねん?」

「あのトマトは小ぶりですけど、とても美味しいんでお客様にぜひ食べてほしかったんです」

「トマトの美味しさよりまず『お待たせしてすいませんでした』の謝罪が先やろ!」

「それでマッサージはどうしましょう?」

「キャンセルに決まってるやろ! アンタのせいで次の仕事に間に合わへんねん」

こんな調子が延々と続いた。外国の方で日本語が通じないならまだ理解できるが、この女性は日本人なのにまったく会話が成立しない。こんな人でもオーナーになれるのかとあきれていると、「次のご予約は?」とまさかの質問。

「二度と来るか!」

コント以外で生まれて初めて「二度と来るか」と言った。

RIZIN
ISAMI
ICHIGO CLUB

妻

夫

堀口恭司

| 総合格闘家 | 史上最強の Made In JAPAN |

川村那月

| タレント・女優 | RIZIN ガール 2017-2019 |

KAMINOGE 式・新婚さんいらっしゃい!

次のラウンドを告げる仕事の合間に
自分の想いも告げていた!?
ファイティング・コンピュータの
“イエスノー枕”すぎる人生哲学!!

「子どもはたぶん計画してるあいだに
あっという間にできますよ!
計画したってわからない!
ガハハハハッ!」
「私のほうから積極的に彼に行きました。
最初から『私をお嫁さんにしてください!』
っていう感じでしたから」

収録日：2024年1月24日　撮影：タイコウクニヨシ　写真：本人提供 /©RIZIN FF（リング上）　構成：井上崇宏

「やっぱ男として女の人にも興味はあるし、自分も子どもを作って、繋げないとってなるわけじゃないですか」（堀口）

――堀口さん、川村さん。このたびはご結婚おめでとうございますっ！

ふたり　ありがとうございまーす！

――2023年大晦日のリング上での突然のプロポーズはとても微笑ましかったです。でも堀口さん。昔、ふたりで約束しましたよね。「俺らはずっと童貞でいようぜ！」って。

川村　そんな約束したの!?　えっ、どういう仲なの!?

堀口　いやいやいや。約束しましたっけ……？

――してないです（笑）。

堀口　ガハハハハッ！　してないっすよね？　いま「俺、したっけな？」と思って（笑）。

川村　どうして一瞬迷うの？（笑）。

堀口　ガハハハハッ！

――でも堀口恭司のイメージといえば、単身でアメリカに渡ってからずっとＡＴＴ（アメリカン・トップチーム）で格闘技漬けの日々。趣味といえば、たまに釣りをする程度のストイックな男。

堀口　まあ、そうっすね。

――そうして強さを手に入れることと引き換えに、ほかの楽しみはすべて捨てた人生を送っていると思いきや。

堀口　いや、実際そういう感覚ですよ。でも、べつに女遊びをしているわけじゃないんで（笑）。やっぱ男として女の人にも興味はあるし、自分も子どもを作ってというか、「繋げないと」ってなるわけじゃないですか。

――ファイティング・コンピュータにそんな古風な考えも装備されていたんですか？

堀口　ありますよ、そりゃ（笑）。まあ、自分の子どもをどういうふうに育てるかはわからないですけど、もしスポーツ選手になれたら同じ感覚だから自分も教えやすいですよね。そういう意味でも繋げていきたいなと思ってます。

川村　でも私のほうから積極的に彼に行ったので、もともとはそういう願望はなかったと思うんですよ。そういうのが全然ないところが私も好きでしたし。だけど私が「好きです。支えてあげたいです」となって、彼も少しずつ受け入れてくれたというか。

――川村さんから猛アプローチしたんですね。

堀口　でも最初はバリアを張ってたっす。「なんだよ、この人？」みたいな。

川村　なんとなく彼の人柄を見ていて、私も拒否されることはわかっていました（笑）。

——そうですよね。パッとすぐに受け入れてくれる男を好きになったわけではない。

川村　だから仕事でお会いするときに少しずつお話をしたりして、私の人間性を知ってもらって。なのでＲＩＺＩＮさんのお仕事で一緒になることがなかったら、距離を詰められなかったと思いますね。

——次のラウンドを告げることが仕事のＲＩＺＩＮガールが、自分の想いも告げていたってことですね（笑）。

川村　いやいや、言い方！（笑）。

堀口　試合が終わったあとに自分がファンの人たちにサインをお願いされて書いてたら、たまたまその場所がトイレの前だったんですけど、彼女が出てきたんですよ。

川村　トイレから出たら人だかりができていて。

堀口　そうしたら彼女が邪魔になったら悪いみたいな感じでいたから、「あっ、いいっすよ。どうぞ」って俺が通してあげたことがあって。たぶんあそこが最初なのかな？

川村　それが私を認知してもらった最初です。

堀口　そこからメールとかＤＭをしてきてくれて、本格的に認知しだした感じっすね。

「こんなにたくさんの人に夢を与えられる人の支えになれたらいいな、っていうところから好きになりました」（川村）

——川村さん、めっちゃアグレッシブじゃないですか。

川村　でも「応援してます！」っていう、ただそれだけを送ってました（笑）。

——川村さんは最初、堀口さんのどこを好きになったんですか？

川村　きっと自分の夢を乗せているところがあるんです。私は子どもの頃から舞台の上に立つこととかが好きで、人に楽しんでもらうことに喜びを感じる性格だったから芸能活動をしているんですけど、彼が試合でたくさんの人に夢を与えられていることが単純に凄いなと。その自分ができないことを圧倒的にできているっていうところに惹かれて尊敬している部分と、同時に自分のことは全部犠牲にしているようにも見えて、それがちょっとさびしくも感じたんですね。それで「こんなにたくさんの人に夢を与えられる人の支えになれたらいいな」っていうところから好きになりました。

——光だけじゃなく、孤独という影の部分にも気づいたと。

川村　あっ、見た目ももともとタイプです（笑）。なので最初から「私をお嫁さんにしてください！」っていう感じでした。

――あっ、マジですか！　尊敬もできて全部がモロタイプだって人と結婚するのって、そんなにイージーファイトじゃないですよね？

川村　全然イージーじゃなかったですよぉ（笑）。

堀口　たぶん超長く時間がかかってますよ。付き合うまでに1年半くらいかかな？

川村　1年半かかりました。

――長い。まあ、日本とアメリカという物理的な距離もありますもんね。

川村　あとはコロナ禍もあったので、彼は日本の大会に出られなくなっていたりもしたし。

――そんな長い時間アプローチされていて、堀口さんの気持ちに変化が起きたのはどういうタイミングだったんですか？

川村　あっ、知りたい、知りたい！（笑）。

堀口　いや、ちゃんと挨拶もできるいいコだなとは最初から思っていて、でも、そこことこれとは違うっていうのと、やっぱ自分はアメリカに住んでいるので背負えないじゃないですか？　そういうのもいろいろ考えて、「付き合わないほうがいいんじゃないかな」と思っていたんですよ。

――真面目に向き合ったんですね。

堀口　自分はそういう人ができると、なんでもやってあげたくなるっていうか、ちゃんと面倒をみてあげたくなっちゃうんですよ。あっ、でも過去に結婚歴はないっすよ？（笑）。

――そうそう、そういう噂が業界内でもありましたよ。「堀口はバツイチだよ」とか「また結婚して、アメリカで一人暮らしじゃないらしい」とか。

川村　あら、やだ（笑）。

堀口　それは誰かの妄想っすよね。たしかに自分は前に1回婚約はしたことがあって、それが新聞に載っちゃったんですよね。そのあと婚約破棄して結婚はしなかったんですけど、自分はそのことをメディアで言っていなかったので。

――じゃあ、初婚ですね？

堀口　初婚！

――最初で最後。

川村　最初で最後っ！（笑）。

堀口　ガハハハハッ！

――堀口さんにとって、結婚ってどういうことですか？

堀口　まあ、「死ぬまでその人を守ること」じゃないですか？

川村　お～♡

堀口　結婚ってそうじゃないですか。自分の素をさらけ出せる相手とするものだし。でも基本的に自分はいつも素ですけどね。言っちゃいけないこととかをどこでも言っちゃうし（笑）。

「物事はイエスかノーかだけ。人間関係はアリかナシかだけ。それだけでいい。誤作動は絶対に起きないっす」（堀口）

川村　ふたりとも凄く素だから、めちゃめちゃ気が合いますね。だから兄妹みたいに感じるときもあるし、彼がお父さんみたいに感じるときもあるし、私がお母さんになっているふうに感じるときもあったりして。最初から家族みたいな感じなんですよね。

堀口　自分は表と裏が一緒というか、裏表がないんですよ。

川村　私は仕事のときとプライベートでは変わりますけど（笑）。

——まあ、それは社会人として（笑）。

堀口　でも仕事とかでも素の自分のままでいて、それでも好きになってくれる人とだったらずっと関係を築いていけるじゃないですか。

——男も女もってことですね。

堀口　そうそう。でも、それが最初から無理だったら、もうそれは無理でいいじゃんっていう。自分のことを嫌いな人を好きにさせようとか、そういうのはいらないっす。アリかナシかでいい。人間関係に関しては自分はそういう考えで、いらないものはバッサリ切っていきます。

川村　はっきりしてるんですよ。

——いろんな社会経験をして、失敗も成功もあったりしながら自分の哲学みたいなものが形成されていくと思うんですけど、格闘技という基本は自分がやりたいこと100パーセントの世界で生きてきて、そういう考えに及んだのはなぜですか？

堀口　いや、ずっと空手をやってきたりして、いろんな変わり者ばっかりを見てきたんですよ。まあ、俺も変わってるみたいですけど（笑）。そこで「コイツ、人としてありえないな……」みたいなヤツが多かったんで、そういうヤツとは口もきかない、バッサリ切るってやってたらうまくいったんで。「こういう人と話しても意味がないな。自分の成長はないな」っていうのをそういうところで学びましたね。その結果、「答えはアリかナシかしかない」と。アメリカに行く前からこういう考え方なんですよ。日本人って、その中間があるじゃないですか？

——ボクなんか中間しかないですよ（笑）。

川村　私も中間しかない（笑）。

堀口　自分はその中間がなさすぎて、彼女からも「世の中、アリかナシかだけじゃないんだよ」ってずっと言われてますね。そのたびに俺は「えー、意味がわかんねえ……」ってなって（笑）。

川村　そうそう。私が何かで迷ったり、考え込んでいたりしたときに「そんなのイエスかノーのどっちかしかないじゃん」って言うから、「そういう話をしてるんじゃないの！」って返すと「意味わかんないよ！」ってかならず言います。

堀口　それでたまに揉めますけど、基本的に自分はあまり怒らないです。

川村　あまりじゃなくて、まったく怒らない。

堀口　怒りながら人に何かを伝えようとしてもやっぱり伝わらないんですよ。物事はイエスかノーかだけ。人間関係はアリかナシかだけ。それだけでいいっす。あれこれ考えたってしょうがない。

――えっ、味気ない！　堀口さん、それってコンピュータですよ。

堀口　いやいや、だから俺はそれを目指してるんですよ。ガハハハハッ！

――そんな言葉、人間の口から初めて聞きましたよ（笑）。川村さんは一緒にいて、このコンピュータにちょっとでも煙を出させてやりたいっていう衝動は起きませんか？

川村　まあ、ちょっとは思いますよね。たまにはね（笑）。

――感情を揺さぶって、誤作動を起こさせたいとか。

堀口　いや、誤作動は絶対に起きないっす。

川村　試合のときだけコンピュータだったらいいのに……。

――アハハハハ！　凄いセリフが出た！（笑）。

川村　これが24時間ずっとコンピュータになっちゃったらねえ、どうなんだろうねえ（笑）。

堀口　いやいや、そのほうがマジで効率がいいんだよ。もちろん、たまには感情も出しますけど、でも誤作動まではないっす。ガハハハハッ！

「いい影響を与えられているのは感じています。これまでは『人にどう思われるかな？』みたいなことをずっと考えてた」（川村）

――ちょっと話の雲行きが怪しくなってきましたね。「コンピュータになりたい」って（笑）。

堀口　そのほうが人生はラクっすよ。「アリかナシかでしか考えなくていい」っていう自分なりの解決法があれば、なんにもムカつく必要がないし。でも彼女もだんだんそうなってきてますよ。もともとはすげえ考えたりするタイプなんですよ。

――ちょっと慎重派ではありますよね。

川村　そうですね（笑）。

堀口　でも俺のそばにいることによって、ちょっと思考がこっちに寄ってきてますね。

――それは自分で感じます？　いい影響を与えられてるなっていう。

川村　うん、感じますね。

堀口　いや、それがいいのか悪いのかはわからないっすよ？（笑）。でも前よりもポジティブですよ。前なんて「大丈夫かな、大丈夫かな……」みたいなのがずっとっすよ。そのたびに俺が「大丈夫だよ～」ってぼけーっとしながら言ってて。

――結果、それで大丈夫なんだってことに気づき始めているわけですね。

川村　そうです。「大丈夫だよ」って言われただけでも安心するみたいな。

――考えても結果は一緒っていう。

堀口　そう！　たぶん、彼女の前の映像といまの映像を見比べるとだいぶ違うんじゃないですか？　しゃべってるときの顔の表情とか。

川村　私、ずっとこわばっていたのかな？

堀口　なんかビビってるような感じっていうか。

川村　たしかに「人にどう思われるかな？」みたいなことをずっと考えてた。

堀口　それで「どうしよう、どうしよう……」って。それがいまはけっこう素をさらけ出してきたんですよ。「もういいや！」みたいな。それは自分が言い聞かせてきたおかげっすよ。ガハハハハッ！

――堀口さんは格闘家としての活動も、誰も不幸にしていないのがいいですよね。

堀口　でも、たぶん神龍（誠）くんとかは自分のせいで不幸になったわけじゃないですか。

――それは試合の勝ち負けじゃないですか（笑）。

堀口　まあ、基本的に自分は人を不幸にしようとかは思ってないし、みんながハッピーのほうがいいじゃんと思ってるんで。なんで人を不幸にしようとするヤツがいるんだろうって思う。だってみんなが笑っていれば、こっちも楽しいじゃないですか。

――あまり人に興味はないけど（笑）。

堀口　ガハハハハッ！　でも自分はまわりの人たちに笑ってもらうために格闘技をやってるし、家族とはずっとですけど、そのちょっと外側の友達とか知り合いって大人になったらなかなか会えなくなるじゃないですか？　だけど自分が格闘技をやってることによって集まってきたりする。それが凄くいいなと思っていて、自分が勝つとみんなが笑顔になって、みんなで写真を撮ったりするのが好きで格闘技をやってる感じですね。もちろん「強くなりたい」っていうのもありますけど、みんなを笑わせてハッピーにするのが好きなんです。

川村　あとはファンの方のことを凄く大切に思っているんですよ。それは想像以上だった。

堀口　自分はファンは凄く大事だと思っています。ファンク

ラブがあるんですけど、それは前のマネージメント事務所のときに始めて、新しい事務所に移るタイミングで閉鎖するって話も出たんですけど、自分が「続けたい」って言って。それで毎月2回オンラインでファンミーティングをやったり、日本に帰ってきたときは絶対にリアルファンミをやったりしているんですけど。

川村　会場でも、試合に出ていないときは花道のところにまで行って写真対応をしていたりするのを見て、「私もそういうところが好きだったな」となりますね。

堀口　せっかく来てくれてるのに拒否できないんですよ。「ありがとう」と思って、サインも全部書いてます。

――「俺と写真を撮ったりサインをするだけで、こんなによろこんでくれるなら」みたいな。

堀口　そうっす。それをみんな勘違いして、ちょっと人気が出ると「俺はやんないよ」みたいな感じになっちゃうじゃないですか？　そういうのは嫌ですね。やっぱいつでも初心を忘れない感じがいいなと思って。

「みんな『考えたところで意味ないじゃん』ってことをずっと考えてるんですよ。それが自分にはマジで謎なんですよ」（堀口）

――そのあたりは親御さんの教育の影響もあるんですかね。

堀口　あっ、自分の親もそんな感じっすよ。「お世話になった人にはちゃんと恩を返せ」みたいな。そういう感じだよね？

川村　うん。礼儀とかには厳しいと思います。

堀口　まあ、言ってもウチの両親は18歳で結婚して、できちゃった婚でヤンキーみたいな感じっすよ（笑）。

――言っても。それ、言わなくていいですね（笑）。

堀口　でも、そういう礼儀だったりとかはちゃんとしています。あとは若いときの子どもだったから、自分たちでは教育できないと思っていたみたいで、それで早くから空手道場に預けられたんですよ。

――これから子どもをアスリートにしたいと考えているお父さん、お母さんたちは「堀口恭司みたいになってほしい」って思う人も多いんじゃないですかね。

堀口　いやいや、こんなパッパラパーじゃヤバいんじゃないですか？　ガハハハハッ！

川村　いやでも、マインドも含めてね。

――そうそう。人生ってすべてマインドじゃないですか。

堀口　まあ、そうですね。

――いままで挫折したことってあるんですか？

堀口　たぶん、挫折を挫折と思っていないです。自分は高校のときに足を折ったりとかしてるんですけど、そこでシリアスになるんじゃなくて「あっ、いい休みになるじゃん！　じゃあ、遊んじゃお！」って感じで、普段できない釣りだったりとかをやったりしてマインドを変えてましたね。前十字を切ったときも「よっしゃー！　これでちょっと休める～！」って、そのときも毎日釣りに行ってましたからね。だからマインドコントロールがうまいんだと思うんですよ。

――年齢とかピークって絶対にケツがあるものですけど、怪我をすると時間的な焦りが生まれたりしないんですか？

堀口　いやいや、ないです。だって焦ってもしょうがないじゃないですか。「焦って怪我が治るわけじゃないのになんで焦るの？」っていう。べつにそこは考えるところじゃないじゃん、って感じですね。だから単純なんですよ。ガハハハハッ！

――そのガハハ笑い、ずっと耳に心地いいですね（笑）。

堀口　だからみんなはなんでも考えすぎるんですよ。俺は頭が悪いんで「まあ、いっか！」みたいな感じで、そういうネガティブな考えをポイッて捨てられるんですよ。

川村　たしかにいつもそうかもしれない。何かあっても「悩むのやだ！」って言って全部ポイッポイッてしてます（笑）。

堀口　「もうめんどくさい！　ポイッ！」って（笑）。

川村　けっこう大事なことも捨てちゃうから、「それは捨てないでー！」みたいな（笑）。

堀口　基本、何も考えないんですよ。根本的に考えないっす。もちろん本当に考えなきゃいけないことは考えますけど、「でも考えたって、それさ、変わらないじゃん。考えたところで意味ないじゃん」ってことをみんなはずっと考えてるんですよ。それが自分にはマジで謎なんですよ。俺にはまったく理解できなくて、絶対にその考えてる無駄な時間で違うことをやったほうがいいじゃんって思うっす。ガハハハッ！

――気の合うヤツっているんですか？

堀口　いますよ！（笑）。まあ、少ないんですけど、いや、気が合ってるのかはわかんないな。友達からも「おまえ、なに考えてるかわかんねーよ！」って毎回言われるんですよ。

――友達なのに（笑）。

堀口　自分は気が合ってると思ってるんだけど、「おまえ、マジでわけわかんねー！」ってずっと言われますね。でも空手の同級生のヤツとかとはずっと仲はいいです。えっ、俺って独特っすか？

――めっちゃ独特ですよ（笑）。

川村　独特ですよね（笑）。

堀口　マジっすか？　自分はこれが普通だからわかんないんですよ。

「オシャレだなんて言われないっすよ！（笑）。『おまえ、もっと格好に気をつかえよ！』ってずっと言われてますよ」（堀口）

——でも、堀口さんってそういう思考が顔面とか肉体にも表れてるんですよね。

川村　あー、わかります（笑）。

堀口　どういうことですか？

——空気抵抗を極力抑えたスポーツカーというか、無駄のないフォルムじゃないですか。

堀口　あー、それは格闘技をやっていて余分なものを落としてるからですよね。格闘技向きのボディを作ってるから。

——まあ、顔はいいですよね。

川村　うんうん♡

——あと、これは余談ですけど、ボクは格闘家のなかで堀口恭司がいちばんオシャレだと思っていますから。

堀口　えーっ!?　俺は絶対にオシャレじゃないっすよ！(笑)。

——じゃあ、堀口さんから見て「アイツはオシャレだな」って思う人は誰ですか？

堀口　まあでも、（那須川）天心くんとか（朝倉）海くんとか、神龍くんなんかは服とかに気をつかってやってるじゃないですか。

川村　平本蓮選手とかも。

堀口　俺だけまったく気をつかわないで、いっつもパーカーとジーパンだけっすよ。

——それがオシャレですよ。

堀口　いやいや、それはたぶん井上さんが変わってるからですよ。俺は自分で似合うものがパーカーとかだから、それだけでいいやって。

——でも、このあいだも会見にさっき調達してきたばかりのジャケットを着ていましたよね。あれはZARAで買ってきたんでしたっけ？

堀口　あー、そうそう。正装だって知らなかったんで、あわてて買いに行って。

——ふと寄った店で買った、高級でもないジャケットでこんなにキメるんだっていう。

堀口　いやいや、たまたまそこに売ってたからっすよ！(笑)。適当に選んだだけっすよ。

——いや、そこの勘ですよ。ここはZARAで買っとけっていう判断がオシャレなんですよ。「オシャレだね」ってよく言われるでしょ？

堀口　言われないっすよ！（笑）。

——言われないっすよね（笑）。

堀口　ガハハハッ！「おまえ、もっと格好に気をつかえよ！」ってずっと言われてますよ。

――いや、堀口さんはこれまでの人生でオシャレって言われたことがないと思うから、今日は絶対に言おうと決めてたんですよ。格闘家のなかで堀口恭司がいちばんオシャレですよ。

川村　たしかにシンプルで無理していない感がいいですよね。

堀口　わかんねえ……。

――ボクは堀口恭司がいちばんオシャレだっていう事実を広めていきたいと思ってるんですよ。格闘技でちょっとカネを稼げるようになったら、みんなすぐに見栄えに走るじゃないですか。「いやいや、顔つきとか身体がカッコいいんだから、変に装飾していないほうがいいのにな」って思っちゃうんですよ。

堀口　まあでも、そういうのがいまのコたちにはウケるんじゃないですか？　だからいまのコには自分は絶対にウケないんですよ。だからあれはあれでいいと思うんですよ。まあ、俺はそうはならんけど。

「人に求めるのってよくない。俺だって、なんか言われたら『なんでおめえに言われなきゃいけねえんだよ！』ってなるっすから」（堀口）

――堀口さんって、稼いだお金は何に使ってるんですか？

堀口　基本的に自分はお金は使わないっすよ。でも、たまにバーンとデカいものを買っちゃいますね。ジェットスキーとか。フロリダの家も一括で買ったし。

――家選びはフィーリングですか？　その日の気分？

堀口　基本はたぶん気分で買っちゃうんですよ。家に関しては何軒か見に行ったんですけど、最初に見に行ったところで「もういいや。これで」って言おうと思ったんですけど、そういうときにトレーナーのマイク（・ブラウン）も絶対について来るんですよ。俺の性格を知ってるから。

――「どうせコイツは一軒目で決めちゃうからまずい」と（笑）。

堀口　そうそう。だからマイクが「キョウジ、まだだ。もうちょっと見よう」って言うから見てまわって、10軒目くらいで「あっ、いいな」と思ってあそこに決めましたね。

――その前の9軒との違いはなんだったんですか？

堀口　単純に内装も外装もよくて、広々していて圧迫感がなかった。ほしいなと思っていたプール付き。あといちばんはジムに近いっていうことですね。クルマで10分で行けるんで。

――あの家にしてもめっちゃセンスがいいじゃないですか。

堀口　ホントっすか？　たぶん井上さんは自分のセンスがわかりますけど、ほかの人は全然わかってないと思うんですよ。俺のことをセンスがいいとか、オシャレとか、そういう目線で見ていないと思うんで。「田舎くせえヤツだな」みたいな。

――いや、ボクはそれも計算だと思ってますよ。だってTOPBRIGHTSの旗揚げ（1月21日、『TOP BRIGHTS.1』）が群馬っていうのも超オシャレでしたよ。

堀口　違うっすよ。それをオシャレだと思う人はちょっと変態っすよ。（川村に向かって）そうじゃない？

川村　いやでも、センスはいいじゃないですか。

堀口　ガハハハハッ！　誰か止めろよ！（笑）。

――ガハハハハッ！　そんなセンスのいい堀口さんは、川村さんにどんな奥さんになってほしいですか？

堀口　いやまあ、このまんまで。あのね、人に求めるのってよくないと思うんですよ。人ってそのままでいればいいんですよ。

川村　オシャレ！（笑）。

――このまんまを好きになったわけだから。

堀口　そうそう。なんか無理にこうしろ、ああしろって言うんじゃなくて、効率重視で自分がやることは自分でやって、彼女がやってくれることは彼女がやってってていう。だから「メシを作れ」とか言わないっすもん。そりゃ作ってくれたときはもちろんうれしいですけど、べつにこれやれ、あれやれっていうのは言わないっす。俺だって、なんか言われたら「なんでおめえに言われなきゃいけねえんだよ！」ってなるっすから。

――いやいや、夫婦、夫婦、夫婦！（笑）。

川村　アハハハハ！

堀口　いや、夫婦でも「なんでおめえに命令されなきゃならねんだよ！」っていうのは人間として絶対にあるじゃないですか。人から何か言われるのってストレスですよ。俺は無理っすもん。洗濯物とか洗いものとかも自分でパパッとやっちゃいますし、そういうのもタイミングが合えば彼女にもやってもらえばいいだけで、べつに。

――川村さん、幸せですね。

川村　幸せです。まあ、ちょっとだけプレッシャーはありますけど……。

堀口　たぶん、まわりからのプレッシャーを感じてるんですよ。

「子どもに関しては凄く計画的に考えてもいます。日本で産むか、アメリカで産むか、ちょっとふたりの時間もあったほうがいいよねとか」（川村）

――それは「あんまり自分が出しゃばっているように見えたら嫌だな……」とか？

川村　うん。そういうこともそうですね。

――ちゃんとできていると思うんですけど、凄く気にしますよね。

川村　そう。井上さんにもいつも相談してる（笑）。
堀口　俺は「そんなのべつに放っておけばいいんじゃない？」って言うっすけど（笑）。
川村　彼が「気にしなくていい」って言ってくれるから、ちょっと気持ちはラクにはなりますね。
——これからお子様とかについてはどういうふうに考えているんですか？
川村　「恵まれたらいいな」くらいに思っていますけど、凄く計画的に考えてもいますね。やっぱり日本で産むか、アメリカで産むかとかも考えますし、アメリカで出産された方の体験談を調べたりして、大丈夫そうかなってなったりとか。だから、まずは私もビザを取ってアメリカに行って、でもちょっとふたりの時間もあったほうがいいよねとか話したりしていますね。
堀口　まあでも、たぶん言ってるあいだにできますよ。ガハハハハッ！
川村　恵まれたら、それはそれで（笑）。
堀口　あっという間にできますよ！　そんな計画したってわからない！　ガハハハハッ！
川村　それは本当にそうですね。でも最初、彼は「子どもがほしい」とは全然言ってなかったんですよ。だけどいまは凄くほしいと思っているよね？

堀口　まあ、できてもできなくてもべつにいいかなって。ただ家もあって、もう準備はできてるからいつでもっていう。やっぱり選手としてお金をもっと稼ぎたいし、団体も立ち上げたばかりだし、そしてUFCのベルトも獲らなきゃならないし。それはたぶん俺にしかできないことだと思ってるんで。
——TOP BRIGHTSは旗揚げしてみてどうでしたか？
堀口　俺はいろいろ見れて凄く楽しかったですよ。だからどんどん続けていこうと思っています。いいところもあったし、ダメだったところもわかってきたし、まあ、これからうまくいくと思いますよ。
——自分たちで興行をやっちゃおうってやっぱり大変じゃないですか。
堀口　まあ、大変ですね。
——それでも「これは続けていこう」っていう気持ちになれました？
堀口　そういう感触でしたね。やっぱり仲間内で作ってみんなに評価してもらうのが楽しいというか、みんなによろこんでもらうことが好きなんで、おもしろかったっすね。
——そこに川村那月という仲間も増えて。
川村 そこに入ることができて楽しいんですけど、私の体力がもつのかなって（笑）。
堀口 体力？　それはついて行けるかってこと？
川村 そう。
——堀口さんって普段もめちゃくちゃ動き回るみたいですね。
川村 そうなんですよ。暇がダメな人で、リラックスして家にずっといるとかができないんですよ（笑）。
堀口 自分は体力が余りまくってるんで、暇になったら「早くどっかに行こう！」みたいな感じなんですよ。

「恐怖心なんてないし、緊張しないですね。いくら緊張したって結果は変わらないんだから、緊張しないほうがいいじゃないですか」（堀口）

——どこに行くんですか？
堀口 あてもなく。外に行ければそれでいいっていう（笑）。
川村 そう。あてがないんですよ。だから計画は私が立てるんですよ。
堀口 自分はなんの計画性もないんで。とにかくジッとしていられないんです。
川村 「なんかしたい」とだけ言ってきて、何をするかは私が考えなきゃいけないんです（笑）。だから具体的に「釣りがしたい」って言ってきたら、私が釣りができるところを探して「じゃあ、行くか！」って朝から出かけたりとかして。
堀口 外で遊ぶことが好きなんですよ。
川村 信じられないくらい体力がありますね。時差ボケとかもまったくなさそうだし（笑）。
——なんでそんなに元気なんですか？　食事とか気をつけてます？
堀口 基本的にはバランスよく摂るだけっすね。
——ジャンクなものは食べないようにしようとか。
堀口 それもあまり気にしていないです。そこでストレスをかける意味がないなと思ってるので全然お菓子も食べます。食生活は全然キチンとしてないですよ。食事に気をつかう格闘家が多いけど、あまり意味ないっすよ。「そのぶん練習すればいいんじゃないの？」って思っちゃうし、「おまえ、技術がないのにそこを突き詰めてやったところであまり意味がないんじゃないの？」って。
——それは優先順位の話ですね。
堀口 そうです。だからコンディショニングに関しては「なるべく身体のバランスを保つように」とかくらいで、左右同じ筋トレをしたりとかはするようにしてますね。やっぱりそこがズレちゃうと壊れるもとになっちゃうので、身体のバランスは意識してやっています。それだけっす。なんか特別なことをやるのってストレスがかかるし、自分は逆に弱くなると思ってるんで。そこに気をつかうんじゃなくて、とにかく「どうやったら強くなるんだ?」ってことを考えたほうが近道なんじゃないかなって思っています。

——でもATTにもいろんなタイプの選手がいますよね。あれこれやりたいタイプもいれば。

堀口　むしろそういうほうが多いですね。たぶん自分みたいな考えのほうが少ないです。いや、俺みたいな考えのヤツはほかにひとりもいないです(笑)。だからいつもマイクにも「おまえ、ホント狂ってるよな!」って言われるんですよ。

——もしもの話ですけど、どのファイターも堀口恭司的な思考を持てば、現状よりも強くなると思います?

堀口　あっ、俺はそう思いますよ。だって、みんな恐怖心でやられていくじゃないですか。自分、恐怖心なんてないですからね。試合に向けて緊張だとか、そういうのがないっすから。

川村　緊張しているところを見たことがないですね。

堀口　緊張なんてしないですね。だって試合といったって、普段練習してることと同じことをやるだけじゃないですか。それを人が見てるか見てないかの違いだけで。いくら緊張したって結果は変わらないんだから、だったら緊張しないほうがいいじゃないですか。ガハハハハッ!

——これ、ちゃんと学びのある誌面になるのかな……(笑)。

堀口　いやいや、俺の話なんて聞く意味ないっすよ。だから俺らが表紙で売れるのかが心配っすよ。

——いや、まったく心配していないですよね?(笑)。

堀口　ガハハハハッ!　いくら心配したって結果は一緒っすからね。いやいや、絶対売れないっすよ、こんなの。ガハハハハッ!

川村那月（かわむら・なつき）
1993年3月17日生まれ、福岡県北九州市出身。タレント・女優。北九州市生まれの東京都育ちで、父がオーボエ奏者、母がピアノ教師という音楽一家で育つ。2016年11月、『2017ミス・ユニバース・ジャパン』東京大会に出場してRIZIN賞、ビューティーキャンプ賞を受賞。2017年、SUPER GT500クラス「MOTULサーキットレディ」としてレースクイーンデビューを果たす。2017年11月にも『2018ミス・ユニバース・ジャパン』東京大会に出場し、準グランプリ・AFA賞・ビューティーキャンプ賞を受賞。2016年11月の同大会でのRIZIN賞受賞をきっかけに2017年12月、RIZINガール2017に選ばれる。その後、約3年間にわたってRIZINガールを務めた。2019年10月11日から公開されたNetflixオリジナル映画『愛なき森で叫べ』で女優デビュー。2019年12月27日公開の山田洋次監督の映画『男はつらいよ お帰り 寅さん』にもカメオ出演。2020年6月よりTOKYO FM系全国ネットのラジオ番組『リリー・フランキー「スナック ラジオ」』に3年半近くレギュラー出演。2021年3月31日にはリリー・フランキー撮影・プロデュースによる自身初の写真集『Real me』が光文社より発売された。2020年にRIZINガール卒業後も、RIZINイベントの司会や、RIZIN LIVEのPR大使、RIZIN YouTubeチャンネル出演、PPV大会のゲスト解説などを務める。2023年12月31日、さいたまスーパーアリーナでおこなわれた『RIZIN.45』のリング上で堀口恭司から公開プロポーズを受け、結婚することを発表した。

堀口恭司（ほりぐち・きょうじ）
父親の影響で5歳から伝統派空手を始め、高校卒業と同時に憧れていた山本"KID"徳郁主宰のジム、KRAZY BEEに入門して内弟子となる。2009年12月、東日本アマチュア修斗で優勝を果たしプロ昇格。2010年5月9日、赤尾セイジ戦でプロデビュー。2013年3月16日、扇久保博正を破り修斗世界フェザー級王座獲得。同年10月19日、UFCデビューとなったダスティン・ペイグ戦でTKO勝ち。その後UFC4連勝を飾るが、2015年4月25日、UFC世界フライ級タイトルマッチで王者デメトリアス・ジョンソンに自身初の一本負けを喫して王座獲得に失敗（UFC在籍時はフライ級ランキング最高3位）。2017年4月16日『RIZIN 2017 in YOKOHAMA』における元谷友貴戦でRIZIN初登場（判定勝ち）。同年に開催された『RIZIN FIGHTING WORLD GRAND-PRIX 2017』バンタム級トーナメント優勝。2018年12月31日、『RIZIN.14』のRIZIN初代バンタム級王座決定戦でBellator世界バンタム級王者ダリオン・コールドウェルに一本勝ちして初代RIZINバンタム級王者となる。2019年6月14日、『Bellator 222』のBellator世界バンタム級タイトルマッチで王者ダリオン・コールドウェルに判定勝ちで連勝して日本人初のBellatorバンタム級王座獲得。2023年12月31日、『RIZIN.45』の初代RIZINフライ級王座決定戦で神龍誠に一本勝ちしてRIZIN初代フライ級王者となり、RIZIN史上初の二階級制覇王者となった。

中邑真輔

キング・オブ・ストロングスタイル

川村那月必読テキスト

**堀口恭司と同じく2016年から
フロリダ在住のWWEスーパースターに
現地で楽しく生活するためのアドバイスを
気安く聞いてしまいました。**

「最近のホットな話題は、ペットとして
飼われていた5メートル以上の巨大ヘビが
逃げ出して自然繁殖してしまいました。
そしてフロリダはクルマの運転が荒くて、
全米でいちばんドライバーの質が悪いと
されているので、ウインカーを出さない
クルマばっかりだと思って運転しましょう。
早くこちらのお友達ができますように」

収録日：2024年2月14日　写真：タイコウクニヨシ／本人提供　聞き手：井上崇宏

「ビザほしさに偽装結婚するといった事例が相当あるそうで、どんどん審査が厳しくなっているみたい」

——中邑さん、いきなり電話してすみませんー！

中邑　家の近所で犬の散歩中です（笑）。どうしました？

——MMAファイターの堀口恭司選手が結婚して、これから夫婦でフロリダで生活するという動きになってまして。フロリダといえばオーランドで暮らしている中邑さんだなと思って、いろいろお話を聞かせてもらえたらと。

中邑　ほう、おめでたい。堀口選手はフロリダのどこに住んでるんでしたっけ？

——ジム（ATT）も自宅も、ココナッツクリークってところですね。

中邑　オーランドより全然下の、マイアミの上あたりか。

——くしくも中邑さんも堀口選手も、2016年の頭からフロリダ生活をスタートさせてるんですよね。ほぼ同時期に。

中邑　あっ、そうなんだ？　でも、すれ違ったこととかないですけどね（笑）。それでココナッツクリークで新婚生活を送るってことですか？

——すぐにってわけじゃなさそうで、というのはビザを取るのがけっこう大変みたいですね。

中邑　まあ、ビザは大変ですよ。ファイターでもこっちで長く練習したいとなっても、スポンサーがいないかぎりは就労ビザが取れないですから。だからこっちの語学学校に入ったりとかして、英語を学びながら学生ビザを取るっていう方法があったりしますけど。

——婚姻関係にあっても、すぐには取れないらしいですね。

中邑　アメリカではビザほしさに偽装結婚するといった事例が相当あるそうで、どんどん審査が厳しくなっているみたいですよね。

——ビザの申請先って何カ所か選択肢があって、どこを選ぶかでスムーズに取れたり、なかなか取れなかったりするとか。そこでどういう担当者にあたるのかは運だっていう。

中邑　そうですね。あとはこっち側の弁護士の強さとか実績にもよるでしょうし。堀口選手はどこのスポンサーが最初のビザを取ってくれたのかな。UFCですかね？

——その〝スポンサー〟っていうのは、雇用先とか契約先ってことですか？

中邑　そういう保証人となりうるところですね。そのスポンサーの母体の大きさや社会的信用も関係してくるんじゃないかと思います。あとはアスリートでもゆくゆくはグリーンカード（永住資格）を取りたいっていう人は、最初にどのビザを取るのがいいのかとかもあって複雑なんですよ。

——なんかめちゃくちゃめんどくさそうですね。あとは抽選というシステムもあって、それに応募して当選したらもらえるって聞いて、ちょっとボクには意味がわからなかったんですけど（笑）。

中邑　我々だったらアスリート用のビザっていうのがあるんですけど、まずはそれを取ってからグリーンカードの取得を目指すんですね。当然、そのグリーンカードを取るのも大変で、胸を張って「私はアメリカにとって有益な人間ですよ」と言える実績とかの資料集めもしなきゃいけない。ボクの場合は1年経てばグリーンカードが申請できるっていう形でしたね。

「もしも視力が悪い場合は、アメリカはメガネを作るときも処方箋が必要なので日本で作ってきましょう」

——中邑さんは1年でグリーンカードを取得したと。

中邑　そうですね。まあ、WWEという母体がデカいところっていうのもあるし、WWEが雇っている弁護士も相当な案件数をこなしている人だと思うので。最初にビザを取るときにWWEがかき集めたボクの実績に関する資料にはウィキペディアのページとかもありましたね。あとは週プロの表紙や東スポの一面だとか。東スポなんかは「ちょっと下のほうにおねえちゃんの写真が載ってるけど大丈夫か？」って（笑）。

——「こちらの女性は私の活動とは関係ございません」（笑）。だから堀口選手なんかは、大晦日のリング上で公開プロポーズをやったので、そういうのも奥さんがビザを取得するうえでの資料になりますよね？

中邑　それが映像なのか写真なのかわからないですけど、ひとつの資料にはなると思いますよ。あとは何かしらの方法でやってきてアメリカに住みつく人とかもいるから。だから昔はけっこうゆるかったみたいですけど、いまはもう相当厳しいです。たとえばですね、誰とは言わないですけど、T・Hさんなんかはあっさりとグリーンカードを取って。

——すっかり有名な話なので、名前を言っても大丈夫です。タイガー服部さん（笑）。

中邑　服部さんはレスリングの世界選手権でアルゼンチンに行って、そのまま日本に戻らずにアメリカにやってきて住みついちゃったんですよね（笑）。それでアメリカで柔道を教えたり、レスリングの大会に出てチャンピオンになったりしていたから、後づけ的に永住資格が認められたっていう。

——とっくにビザが切れていて、それを放置していたのに「この男はアメリカの青年たちにレスリングを教えている、素晴らしい教育者です」ということで、一転してわずか2週間で永住権を取得した（笑）。

BEACH WARNING FLAGS
Water Closed to Public
High Hazard
Medium Hazard
Low Hazard
Dangerous Marine Life

中邑　そうそう（笑）。70年代なんかはそういう力技でいけた時代だったんでしょうね。まあでも、堀口選手の場合はビザ問題にもちゃんと対応しているでしょうし、ケアしてくれる人がまわりにいると思うので大丈夫だと思いますけど。

——ではフロリダで暮らすということについて。たとえば中邑さんからよく聞く、医療の問題だったりとか。

中邑　それはもうアメリカ全土ですね。まず病院を見つけることから始めないといけなくて、要するにかかりつけ医ですね。こっちの病院は日本みたいに「こんにちは〜」ってそのまま入って行けないんで、そこらへんのシステムの違いだったり、保険用語を学んだりしましたね。生活することにおいてはそういうことも必要になってきます。

——そもそも医療費が日本とは桁違いに高くて、しかもそのときどきの言い値だったりするっていう。

中邑　まあ、言い値もそうだし、余裕で計算を間違えてくるし、受けていないサービスを請求されたりもしますね。「どれだけちゃんとしてないのよ」っていう話なんですけど。だからこっちでの保険選びも重要で。堀口選手自身はちゃんとした保険に入っていると思うんですけど、奥様は女性だから定期的に検診とかを受けなきゃいけないと思いますし、たとえば出産に関わる医療のカバーはどうなっているのかっていうのも調べてから保険を選ばなきゃいけないんじゃないかな。あとは歯の治療の保険は加入年数によってカバレッジが違ったりするし、もしも視力が悪い場合は日本みたいにピューッと行ってすぐにメガネを作ってくれないんで。アメリカはメガネを作るときも処方箋的なものが必要なんですよ。だから定期的に日本に帰るんだったら、メガネは日本で作ってくるのがいいと思います。

——Ｚｏｆｆみたいなところがないわけですね（笑）。じゃあ、海外から日本にやってきた観光客で、メガネを作って帰るって人もいるでしょうね。

中邑　絶対いると思いますよ。っていうか、ボクも帰国したときに羽田（空港）の金子眼鏡店さんで作って帰りましたもん（笑）。あとはメガネの度の合わせ方が日本とアメリカとではちょっと違うんですよ。アメリカってやっぱり強烈なやつを作ってくるんで。

「旦那さんだけっていう生活にならないように。アメリカで若干の自立を目指すという感覚だといいかも」

——ハンセンのメガネとかめちゃ分厚いですもんね（笑）。中邑さんの場合は、お子さんは日本で生まれて、ある程度の教育を受けてから家族でアメリカに移り住んだわけですけど、お子さんに関するあれこれも絶対に大変ですよね。

中邑　もしもアメリカで出産する場合は、たしか3カ月以内かな、領事館に出生届をしないと日本国籍を取りそびれるらしいんですよ。

——あっ、通常は出産時にアメリカと日本の国籍を取るんですね？

中邑　そうだと思います。だから成人するまではパスポートをふたつ持っていて。

——中邑さんのところのお子さんは当たり前のように英語をペラペラ話せるわけですよね。

中邑　現地の学校にぶち込みましたから、英語を浴びる量もボクなんかより桁違いだったでしょうし、もうペロリンですよ。

——ほとんどの日本人はいまだに英会話ができないから、アメリカで生活をすると英語が話せるようになるというメリットがありますよね。

中邑　普通に生活だけしていても英語はしゃべれるようにはならないと思います。やっぱり積極的に人とコミュニケーションをとらないと。堀口選手の奥様は英語をしゃべれるんですか？

——まだあんまりしゃべれないみたいです。

中邑　じゃあ、まずは何かしらのコミュニティに入って友達を作るっていうことも凄く大事なことかなと思います。時間もあるだろうから、どうせなら語学学校とかに入っちゃうとか。そうしたら友達もできるだろうから。ただ、そのへんの学校には日本人はいないでしょうし、みんなスペイン語をしゃべってると思いますけど（笑）。

——スペイン語？

中邑　ヒスパニックが多いから、日常で聞こえてくるのはスペイン語ばっかりですよ。やっぱりボクが重要かなと思うのは、堀口選手にはもうジムとかコミュニティがあるわけじゃないですか。そこで奥様も早くアメリカに慣れるためには友達を作ることは大事ですよね。堀口選手が練習しているときにずっと家で待っているわけにもいかないでしょうから。あとはクルマの運転ですね。公共交通機関が日本みたいにしっかりしていないし、治安も悪いことがあるからクルマは運転できなきゃいけない。たとえば堀口選手がどこかにひとりで向かうっていうときに空港までの送り迎えをしたりだとか、そういうことも必要になってくると思うので、まずはフロリダの免許を取るということですね。日本の国際免許も1年間は有効なんですけど、一応6カ月以内にフロリダの免許を取らないといけないことになってるんですよ。

——住んでから6カ月以内ですか？

中邑　そう。西海岸のほうは日本語でテストを受けられるらしいんですけど、フロリダは英語かスペイン語でございます（笑）。

——それ、ボクだったら無理ですよ。一生受からないですよ（笑）。

中邑　でも取らなきゃいけないので。ボクはもちろん一発で取りましたが（笑）。だから通訳を入れて取る人もいますよね。クルマの免許は絶対に必要になるし、末永く住むとなればなおさら。そうして奥様は独自のコミュニティを何か見つけて、自分でクルマも運転できるようになって、旦那さんだけっていう生活にならないように。ある種、アメリカで若干の自立を目指しながらっていう感覚だといいと思いますね。

——それと食事。日本が世界に誇れるものってメシの美味さじゃないですか。そこの落差はどう埋めてるんですか？

中邑　オーランドは日本の食材が年々入りやすくなっているんですけど、ココナッツクリークあたりだと……（スマホで調べている）。ああ、いちおう韓国系のオリエンタルマーケットがあるな。調味料とか薄切り肉なんかはそこでなんとか調達することができるんでしょうね。あとはコストはかかりますけど、通販をやっている日本食材店もありますし。まあ、食事に関しては料理をするのであれば、それぞれの実家からあれこれ送ってもらうのがいいです（笑）。自炊をすれば、そこの落差はあまり気にはならないですね。

——食事の問題についてはとっくに解消できていると。

中邑　まあ、もう1周、2周してますからね（笑）。だけど日本食レストランとかに行くと〝日本食警察〟になりつつあるから気をつけなきゃ。「これ、ニセモノじゃん」とか「これ、出汁の入ってない味噌汁だ」みたいなことをすぐに思っちゃう（笑）。

「サーフィンとかキャンプとか、フロリダでもできる趣味があったら楽しいんじゃないかな。観光大使か、俺は（笑）」

――フロリダって温暖な気候と全域に美しいビーチがあって、税率も他の州と比べて低いことから、アメリカ人も憧れる住環境なんですよね。

中邑　そうですね。アメリカ人が老後、リタイア後に住みたいところというか。あとフロリダってワニが有名ですけど、ワニは特別なライセンスを取ったら6匹までは捕獲できるらしいです。

――いたるところにワニがいて、「家の庭に現れた！」とかってしょっちゅう大騒ぎしてますよね。

中邑　そういうときも通報して捕まえに来てもらわなきゃいけない。アメリカンアリゲーターって絶滅危惧種として保護されているから、自分たちで捕まえたり勝手に殺したりしたら、こっちが警察に捕まっちゃうんです。そういえば最近のフロリダのホットな話題としては、ちょっと南西のほうですけど、もともとペットとして飼われていたパイソン（ビルマニシキヘビ）が逃げ出して、自然繁殖してしまったと。5メートル以上の巨大なヘビですよ。それはもう無制限に捕獲してよくて駆除に貢献したら報奨がもらえるらしいんですよ。

――そっちは人間の保護を優先しなきゃいけない（笑）。

中邑　あとはクルマの運転が荒い。全米でいちばんドライバーの質が悪いとされているのはフロリダですね。

――えっ、あんなにのんびりとしたところなのに。

中邑　たぶんフロリダの人たちはウインカーとかの使い方を知らないんですよ。

――そんなわけないでしょ（笑）。

中邑　いや、マジで。

――マジで（笑）。

中邑　いまも目の前を通ったクルマはウインカーを出さずに曲がって行きました（笑）。パトカーもウインカーを出していなかったりするんで、だから「フロリダではウインカーを出さないクルマばっかりだと思って運転しろ」と。

――ためになる情報だ。

中邑　フロリダと言ってもボクが住んでるところと堀口選手が住んでるところは距離もあるし、ローカル情報も違うと思うんですけど、ウインカーを出さないのはフロリダ全土の傾向ですから。あとは全米屈指の観光地でもある。ディズ

NASA

ニー・ワールド・リゾートもあるし、マイアミには美味しいご飯屋さんもいっぱいあるし。たぶん堀口選手が住んでるところからマイアミのダウンタウンまではブライトラインっていう電車で行けると思うんですよ。そういうのも楽しそうだな。領事館もマイアミにあるから近いし。でも堀口選手はけっこう日本で試合をしているイメージが強いので、あまり日本を恋しがっていたりはしないでしょ？

——もともとの性格的にへっちゃらな感じがしますね。中邑さんは1年じゅう国内外を飛び回っていますけど、堀口選手は基本は年数回の試合のとき以外はずっと地元にいると思うので、時間の過ごし方はだいぶ違っていそうですね。

中邑　まあ、そうでしょうね。だからこそコミュニティというかローカルでいい友達が奥様にも見つかるといいねと思いますね。あとはサーフィンをやるのはおすすめですね。やってる人が少ないからめっちゃ空いてます。日本の鵠沼とかだと芋洗い状態ですけど、フロリダのビーチだと10人いたら「今日はめっちゃ混んでるな」ですから。それでローカルがちょっと緊張してるっていう（笑）。まあ、サーフィンとかキャンプとか、フロリダでもできる趣味があったら楽しいんじゃないかな。

——話をまとめると、ウインカーを出さないクルマに気をつけて、海にレッツゴーですね（笑）。

中邑　あっ、それとカリブ海が近い。もはやフロリダ情報ではないんですけど、フロリダからだとカリブ海周辺国、たとえばキューバ、コスタリカ、パナマ、あとはジャマイカとかがもの凄く近くて、ＬＬＣで凄く安く行けるんですよ。クルーズ船もあるし。最初はそういうところに行くと楽しめるんじゃないかな。って、なんか観光大使みたいなしゃべりをしちゃいましたけど（笑）。

中邑真輔（SHINSUKE NAKAMURA）
1980年2月24日生まれ、京都府峰山町出身。WWEスーパースター。
高校よりレスリングで鍛え、青山学院大学卒業後に新日本プロレスに入門。2002年8月29日、安田忠夫戦でデビュー。当時、新日本の格闘技路線の申し子として総合格闘技に参戦する一方、2003年12月に最年少でのIWGPヘビー級王座戴冠を果たす。2016年1月に新日本を退団して同年2月にWWEと契約して渡米。WWEでは本名＝リングネームで登場をして、2018年のロイヤルランブル優勝やレッスルマニアでのWWE王座挑戦などを経て、2020年7月にはセザーロとスマックダウンタッグ王座を獲得するなど活躍。2023年1月1日、プロレスリング・ノア日本武道館大会でグレート・ムタと対戦してキンシャサでフォール勝ちを収めた。現在はWWE入団以降、幾度となく抗争を展開してきたセス・ロリンズの保持するWWE世界ヘビー級王座を巡る闘いに身を投じている。

uh
spooky

青木真也

総合格闘家

UNSPOOKY

アーティスト

あれ、なんだかいいぞ？

**公私ともに支える
“パートナー”という名の人生のセコンド。
バツイチ青木真也が
新しいライフスタイルを世に問います。**

「俺って1回離婚してるし、また結婚しよう
みたいな欲求があるわけではない。
恋愛とかそういう色よりも一緒に
仕事をするチーム感のほうが強い」
「最初に結婚についてのすり合わせをした
記憶はなくて、なんとなく察しただけ（笑）。
どういう形であれ、
信用していい人なんだなと思いました」

収録日：2024年2月10日　撮影：工藤悠平　構成：井上崇宏

「先輩の人に『この人、おもしろいですね』と言ったら『いやいや、この人ってヤバい人で、相手の腕を折ったし』って（笑）」（UNSPOOKY）

——最近、青木さんには木村ミノル選手やジェーン・スーさんとの対談なんかでちょくちょく出てもらっていますけど。

青木 今日の第3戦は顔出しNGだから。

——えっ、こちらの方はどなたさま？

青木 俺のパートナーであり、ビジネスにおいてもパートナーでもある特異な感じですね。

——青木真也のパートナー？　えっ、ヤバい人じゃないですか。

青木 その正体は、UNSPOOKYっていうアーティストです。

——アーティストでいらっしゃる？　絵描きですか？

UN はい。油絵が主で、造形とかプロダクトを作ったりもしています。

青木 だから、やっぱ芸事に関しての勘がいいんだよね。プロレスとかを観ても、どういうものかっていう構造的なところを素早く理解したし。

——えっ、わかったんですか？

UN いや、わかっていないと思いますけどね（笑）。

——でも、観ているところはどっちが勝った負けただけではないと？

UN それはそうですね。

青木 要するに試合のペースというか主導権を握っているのはじつはこっちだな、みたいな。

UN なんとなくですけど（笑）。それも青木からの教育あってというか。

——そこから「すなわち世の中はすべてプロレスである」というところにまで行ってます？

UN 教育を受けていくうちにというか、たしかに肌感で「あっ、これもそうだ、あれもそうだ」ってなって、私のお仕事でもそうですけど、全部近しいものなんだなって思いましたね。

——ということは、自分もこれまでの人生で、かなりプロレスしてきていたことにも気づきますよね。

UN そう。凄くプロレスだったんだなって思いました（笑）。

——青木さんは、こんな勘のいい方とどうやって出会ったんですか？

青木 これが凄くてさ、2年前くらいに矢地（祐介）のYouTubeチャンネルに俺が出たんですよ。それで彼女が一緒にビジネスをやってた先輩がいつも矢地のチャンネルを観てたと。

UN　その人が矢地選手のファンだったのかどうかはわからないですけど、「最近おすすめのチャンネルがあるんだよ」って、仕事の合間に時間を埋める感じで紹介してきたんですよ。それで私は「へえー」って、いちおう付き合いでずっと観るじゃないですか。それでまあ、ちょっと、あんまりおもしろくはないというか……（笑）。

――アハハハハ！　まあまあ、矢地さんはさほどおもしろくない男ですよ（笑）。

UN　「べつにあれだな……」って思って、そのまま流れでボーッと観ていたんですけど、最新の動画が青木との対談で、急におもしろいことになっていたんですよ。それで「おー？」みたいな。「あれ？　この人はなんか凄くおもしろい話し方をするな」と思って、それで「この人、誰？」って先輩に聞いたら青木真也っていう名前が出てきて、「あっ、なんか知ってるぞ」と。そこから「この人は話がおもしろいし、芯を食ったことを言ってるし、もっと話を聞きたい」と興味を持って、その先輩の人に「この人、おもしろいですね」と言ったら、男性ってほかの男性を褒めると落としにきたりするじゃないですか（笑）。

――そうですね（笑）。

UN　だから「いやいや、この人ってヤバい人で、相手の腕を折ったし」みたいな（笑）。

――話はおもしろいかもしれんが腕を折るぞと（笑）。

UN　それで過去の動画を観せてきて、どんなにヤバいかを熱弁してきたんですよ（笑）。でも私も天邪鬼なので、そういうことをされればされるほど興味が出てきて、ということがけっこう前にあったんです。それで私はこういう活動をするにあたって、会社員を辞めてフリーランスとしてずっとデザインの仕事をしてきてるんですけど、それまで人に当てにいくというか、クライアントが思うことを形にするっていう仕事をずっとしてきて、個展が決まった途端に急にどう作ったらいいのかわからなくて、立ち止まっちゃったんですね。

「俺って話がめんどくさくて禅問答みたいなことをずっとやるでしょ。それについてこれるヤツってやっぱいないんです」（青木）

――自分の好きなことだけをやりたくてフリーになったはずなのに。

UN　人の言うことにとらわれずに自分のやりたいことを表現するということが、「あれ、どうやるんだろう？」みたいな。作りたいものを作ればいいはずで、いつもと同じことをやればいいのに、なんか一歩踏み出せなくなっちゃって。時間も決まってるのに何もできなくて止まっちゃったときに、そういえば青木が「人に合わせない」とか「客の言うことを

聞かない」とか「誰にどう思われようと自分のやりたいことをやる」みたいな指針の話をしていたなと思い出して。

青木　俺は常にいいことしか言ってないからね。

――（今日も声がしゃがれてんな～）

UN　これから私がアーティスト活動をやるうえで、そういう要素をもっと知りたい、教えを請いたいという感じになって。

青木　そうしたら共通の知り合いがいて、彼女のほうから連絡が来たんですよ。めちゃくちゃ丁寧な長文のメッセージが送られてきて。それからけっこうやりとりをしてたんですよね。

――いまのような内容のやりとりですね？

UN　それは全然言っていなくて、普通にファンとして聞きたいことっていうか質問をして（笑）。

――それに青木さんも丁寧に対応したと。なんで？（笑）。

青木　えっ、俺は丁寧だよ。まともにちゃんと来たヤツに対してはこれが通常ですよ。それで「じゃあ、メシ食いに行くか」みたいな感じからっすね。

――えっ、普通メシに行かないでしょ。

青木　行くんだよ。

――まあまあ、それくらいファンには丁寧なのね。

青木　自分の客には丁寧だよ。それで会ってメシを食ったんだけど、やっぱ俺って話がめんどくさいじゃないですか？　禅問答みたいなことをずっとやるじゃないですか。

――問いかけをね。

青木　問いかけをずっとやってて、それについてこれるヤツってやっぱいないんですよ。

――「俺の問いかけに対応できるのか」という一発目のふるいがあったと（笑）。

青木　そこについて来れるか来れないかが凄く重要で、この人はついて来れたっていうのがデカかったんじゃないですかね。でも「付き合ってる」っていう実感は正直あんまないんですよ。

――〝パートナー〟って、恋人とかとはちょっと違う？

青木　いや、なんて言うの、「思いっきり付き合ってます、私たち」みたいなのってあんまないよな？

UN　最初は「これってどういう関係性なんだろ？」と思ったけど、意外と白黒ハッキリさせたがるタイプで。

青木　なんて言うんだろうな、そこは俺のなかで解釈が微妙というか難しくて。俺って1回離婚してるし、またもう1回結婚しようみたいな欲求があるわけではないじゃないですか？　その価値観の共有がある程度できていないと難しいなと思ったんで、そこらへんのすり合わせはした気がしますね。

――そのすり合わせで白黒ハッキリさせたってことですか？

UN　いえ、結婚のすり合わせをいきなり最初にした記憶はないです。なんとなく察しただけで（笑）。ただ、どういう形であれ真剣に考えているから「ちゃんと定義はしたい」っていう感じで最初に言ってくれたので、信用していい人なんだなと思いました。

青木　グッドジョブですよ。

「犬と一緒って言ったら失礼なのかよくわからないですけど、こっちがちゃんと心に掛けるとそれにちゃんと応えてくれる」（UNSPOOKY）

——グッドジョブ？（笑）。

青木　仕事に関してもサポートしてくれて一緒になってやってる感があるんで、恋愛とかそういう色よりも一緒に仕事をするチーム感のほうが強いですね。だって、ケンドー・カシンの相手もできるんですよ。

——えっ、カシンの相手ができるっていうのは、カシンと会話ができるってことですか!?

UN　このあいだの大会（ONE日本大会）にセコンドとして来ていただいたときとかも、本人は試合前なのでサポートで来てくれているセコンドの方とかまでケアすることができないじゃないですか。そこらへんは私の仕事なので、導線とか不安に思わせちゃいけないだろうと思って、「カシンさん、こっちですよ」とか、いろいろ話し相手になっていました（笑）。

青木　おもしろくないですか？（笑）。

——ひょっとして動物好きですか？

UN　私は基本的にもともと人よりも動物のほうが好きで、この人もそうですけど、けっこう野生味のある大型犬の扱いみたいなものに慣れてるというか（笑）。

——やっぱそうですよね。「野生味のある」というのは、要するにしつけができていないってことですね（笑）。

UN　だからカシンさんも青木も全然大丈夫というか。青木のまわりの人からは「気難しくない？」とか「よく大丈夫だね」とかって言われるんですけど。

——アハハハハ！「よく大丈夫だね」（笑）。

UN　「よく一緒に生活できるよね」みたいなことをけっこう言われるけど、扱いやすいって言ったら失礼ですけど、こうきたらどう対応するかっていうのが凄く明確で、いい意味で「あのときはこうだったのに、いまはこうだな」っていうブレみたいなものにもちゃんと理由があるんですね。

——なんでブレたのかを理解できると。

UN　だから犬が怖がって人を噛んじゃったときに、「なんで噛むんだ！」って怒るんじゃなくて、「このときにクルマが近くを通ったから怖かったんだよね」みたいな導線がハッキリ見えるんです。だから一見意味がわからない行動も、ちゃんと理解したら全部辻褄のあった綺麗なフォーマットに収まるから、むしろわかりやすいくらいなんですよ。

——青木真也と一緒に過ごしていてもラクなんですね。

UN　ラク。逆に言うと、犬と一緒って言ったら失礼なのかよくわからないですけど、こっちがちゃんと心に掛けるとそれに返してくれるので。

——気持ちに、気持ちで応えてくれる。

UN　その応えてくれるっていうのがほかの人よりも強いというか、ちゃんとわかるように気持ちを伝えてあげるとそれ以上に返ってくる。いくらこっちが心に掛けても、それに応えてるのかどうかよくわからない人っていっぱいいると思うから。

——めっちゃいますよ。

UN　ですよね。それは言葉とかじゃなく実感として凄くあるので、「この対応は合ってるんだな」っていう。わかりやすいですよ。


「カシンさんも俺たちがしっかりと向き合ったらちゃんと応えてくれたよね。ってか、やっぱカシンさんって天才的におもしろい（笑）」（青木）

——いまの話もわかりやすかったです。
青木　カシンさんとしゃべってるときの画はよかったっすねえ。
——試合前に「あっ、いい画だな」って思った？（笑）。
青木　だって秋山（成勲）さんと控室が一緒だったんだけど、あの人が出ていくときにみんなが「おー！」ってやるじゃないですか。
——「レッツゴー！」みたいな。
青木　そのときに一緒に拍手したんだって（笑）。
UN　私が控室のドアのギリギリのところに立っていたから、最後のひとりみたいになっていて（笑）。それまでのおふたりの関係性もあって、ちょっと空気もピリついていたので、私もあまりご挨拶をする感じじゃなかったけど、いちおう最後に私が「がんばってー！」みたいな感じでガッツポーズみたいなのをしたら、秋山さんが出るときにウインクをしてくれて（笑）。
青木　それをカシンさんが見てたんでしょ？（笑）。
UN　そのときカシンさんは私の横にいて、ボソッと「いいもの見ましたね。カッコいいですね」って（笑）。
——アハハハハ！　常におもしろいな！（笑）。
青木　カシンさんは天才的におもしろいっすよね（笑）。
UN　それでカシンさんとふたりで「ありがたや～」って拝んで見送って（笑）。
青木　カシンさんも俺たちがしっかりと向き合ったら、ちゃんと応えてくれたよね？
UN　うん。

――だから、それは犬を相手に言うことだから（笑）。

UN　やっぱり、まずはこっちが心を開かないとっていう（笑）。直前で対戦相手が変わったってときに、私も「えーっ!?」と思って、とにかく試合の勝ち負け以前に安全に帰ってもらわなきゃいけないから、ボンッて殴られて一発アウトみたいなのは避けたいじゃないですか。そのイレギュラーなことに対して、流れで「はいはい、それでもオッケー」でやって、何かあったらどうしようみたいな。かと言って、私が「中止！」って叫んでもどうしようもないし。そこをカシンさんが「大丈夫ですよ」って。

青木　カシンさんだけが「最高ですよ！」って言ってたもんね。

UN　ほかのセコンドの方とかも「えっ、えっ……？」みたいな感じだったけど、カシンさんは「ラッキー、ラッキー！」みたいな。

青木　「青木、お金もらえてラッキー！」って（笑）。

UN　「アップ！　アップです！」って。

――カシンにしてみたら、「こんなアクシデントが起きて、来た甲斐があったな」っていう感じですよね（笑）。

UN　でも、ああいうときの存在感って本当に凄いよね（笑）。

青木　完璧ですよ。「じゃあ、ボーナスもらって帰りましょう！」みたいな感じだったんで。

UN　それで試合に勝ったあとも、裏でパッと私のほうに来てくれて「ほら、やってよかったでしょ」って。当日は異端な存在として鎮座しているだけかと思ったら、意外と場をまわすというか、空気を作ってくれたりとか、こっちのフォローをしてくれたりとかしていただいて。

「私もいろいろ経てのいまで、この人もそう。私が凄く必要としていたときに来てくれたような気がします」（UNSPOOKY）

青木　バケツを譲らねえしな（笑）。セコンドに20代の若いコがいたんで、そのコがバケツを持つのがいちばん収まりがいいのに、自分が持ったほうがおもしろいっていうのをわかってるんですよ（笑）。

UN　だから「持ちます、持ちます」とか言われても、「あっ、大丈夫です」って（笑）。結果、バケツを持って歩いている画がめっちゃよかったので。バケツを持ってるだけでおもしろいってズルいですよね。

青木　だから、俺らはこういう笑えるツボも共有できてるっす。やっぱやってることが一緒だから。俺は試合をすることで、彼女は絵を描くことで自分たちがやってることをお客さんに問うという。そこの言語が合うというのも凄くあるっすよね。個展をやるときとかも俺の言葉が強いし、また逆もし

UN
spooky

かりというか。

――ただ、籍を入れて夫婦になるような関係ではない。

青木　いまのところ俺的にはないですね。もし、それがあるとしたら、本当に死ぬ間際とかじゃないですかね。

UN　なんでよ。それは嫌なんだけど（笑）。

青木　いや、なんか相続的なやつとかあるじゃん。そういう意味では信頼関係はある感じっすね。俺、おだやかっす。

――この出会いがラッキーだったのは、この男が整い出したのはわりと最近ですから（笑）。

UN　あっ、そうなんですか？（笑）。でもじつはそれは凄く感じていて、私もいろいろ経てのいまで、この人もそうで。私は仕事もプライベートも10年前だったらよくわかんない変なことにワーッとなったりとかしていたけど、いまは多少は達観してるから「いまはこういう心境でこうだから、こうなっちゃうのは仕方ないんだな。がんばれ」みたいないい距離をお互いに取れているというか。

――お互いにある程度整った状態で出会えたという。

UN　年齢なのか経験値なのかわからないですけど、それはあると思います。ちょっと前だったら、この人が何を言ってるのかもたぶんわからなかったので、最初に会ったときに「何を言ってるのかわからなくてつまんないな……」とか思ったかもしれないし。だから凄く必要としていたときに来てくれたような気がします。

青木　この人は歴戦の猛者ですよ。俺の知り合いともちゃんとうまくやってくれているんで助かるっすよね。だから全局面でストレスフリーだし、俺のグッズでもなんでも「これやっておいて」って全部投げるだけで形にしてくれるんで。たとえば海外に試合で行くときとかも、俺が「まあ、行くか」みたいな低いテンションのときでもついて来てくれるし。タイでのグラップリングマッチのオファーとかもさ、「タイに行きたい」って言うから「じゃあ、受けるか」みたいなテンションなんですよ、もはや。

UN　だからONEは私に感謝してほしい（笑）。

――「ちゃんと背中を押してやってるんだよ」と（笑）。

UN　私が「べつにタイは行かなくてもいいや」って言ったら「じゃあ、断るか」って言いかねないけど、「タイに行きたいから試合してよ！」って言うと「じゃあ、仕事のあとに美味いご飯を食べて帰ろうぜ」みたいな感じになってくれるので。

「トイレでケツは拭かないでしょ。だって俺は40年間ウンコしてんだからもう熟練だよ。ウンコもスパーンとキレがいい」（青木）

――非常にいい感じの関係を築けているのがわかりました。でも、そのうえで青木真也のこういうところが嫌いだっていうのはありますか？

UN 嫌いなところかあ……。

――たとえば、なんか凄く痛いことをしてくるとかないですか？

UN それはありますよ。

――えっ、ある!?（笑）。

UN 「嫌っ！」っていうことを凄くしてくる。「やめて！」っていうことを。

――でも、それは犬がじゃれてくるみたいな感じですよね？

UN じゃれてくる感じなんですけど、やっぱそのじゃれが大型犬と一緒なので「自分の体格をわかってないでしょ！」みたいな。

――ちゃんと体重を乗せてくるんですね。

UN 〝筋肉潰し〟とかもやってくるし。

青木 キーロックね（笑）。

――なんでキーロックをやるんだよ（笑）。

UN それがよくあるカップルのじゃれつきだったら、「痛い〜、やめて〜」くらいだけど、私は涙を流しながら大声で「もう痛い!!　やめろ――!!」って叫ぶ感じですよ。本気で痛いから。

――バカじゃないの？

青木 へへへっ。

UN 「近所の人、気づいて!!」ぐらいに大声を出してるのにやめてくれない。「キーロックはこういうものだし、痛いのを耐える技で、骨が折れるとかケガするとかないから」って言うんですよ。

――それはどういう衝動なの？

青木 なんかやりたくなったんですよ。

――泣き叫んでいるのになんでやめないの？

青木 そのあとブチキレてたんで満足しましたよ。

――何かが満たされたんだね。

青木 「ありがとう」みたいな（笑）。

UN で、私は「これはもう、おまえの親に言うからね」って（笑）。

――マジで言ったほうがいいですよ、それは。

UN それで「こういうひどいことをするんです」って言ったら、ご両親もケタケタ笑ってました（笑）。

――青木家は一家総出でヤバいですからね。

UN あとはトイレに行ってもケツを拭かないんですよ。

――えっ、どういうこと？

UN 「紙がもったいない」とか言って。

――えっ、ウォシュレットは？

UN もちろん使わないですよ。

青木 俺はもう熟練だからさ。だって40年間ウンコしてんだから。

UN　それはみんなそうですよ。

青木　だからウンコして、スパーンとキレがいいと。

——だから汚れない？

青木　そう。

——でも、それって確認しようがないでしょ。

青木　賭け（笑）。

「行動とマインドが理屈に合っている。彼の生き方が、生きやすいかどうかは別として、凄くまっとうだとは思います」（UNSPOOKY）

——賭け!?　その賭けにこれまでは勝ってきた？（笑）。

青木　勝ってきた（笑）。

UN　いや、勝ってきてないんですよ。確認できなかっただけで。

——目視もしてないんでしょ？

青木　してるわけねえじゃん（笑）。でもウンコがついてたとかあんまないんだよね。

UN　だから「あんま」なんですよ。たまにあるから。そんなの1回でもあったらアウトじゃないですか。99回成功しても1回失敗したらダメなことをしてるのに、なにその言い方。

青木　1回でも失敗したらダメっていうのは、病院とかレフェリーみたいな感じだよね（笑）。

——マジで犬やん。

UN　だから本当に「おまえ、犬か！」って言ってますよ。「おまえ、犬か！」（笑）。

UN　それも私は怒って、ご両親に言ったんですよ。「おたくの息子はどうなってるんですか？　ケツを拭かないんですけど、拭き方を教えたんですか？」って言ったんだけど、「教えたはずだし、ここからはもう我々は管轄外です。そちらの責任です」って（笑）。

——「私たちはあくまでブリーダーです。もうとっくに譲渡して、飼い主はあなたですよね？」と（笑）。

UN　笑い話として話してますけど、本当に嫌なんですよ！（笑）。

——そりゃ嫌ですよ。拭かないって、拭きたいじゃん。気持ちがわからん。

青木　あっ、そう？

——「紙がもったいない」っていうのも本当の理由じゃないでしょ（笑）。

UN　「サスティナブルだから」って言ってます（笑）。

青木　「SDGsだ」って（笑）。

——驚くなあ。

UN　嫌なのはそういうところですかね。

青木　でも、ちゃんと仕事もしてるし、社会的には大丈夫。
UN　うん。社会的には大丈夫だと思う。
――むしろ優秀な社会人ですもんね。
UN　って思いますね。職業柄いろいろな人と接してきましたけど、感覚が凄くまっとうというか。お金もケチみたいに思われますけど、行動とマインドが理屈に合っているんです。そういう部分は、いままで見てきた人のほうが私は違和感がありましたね。彼を見ていると、そういうほかの人たちのズレているところがわかって、いろんなことが腑に落ちたというか。この彼の生き方が、生きやすいかどうかは別として、凄くまっとうだとは思います。
――振り返ると、このスタイルができあがった過程にどういう学びがあったんですか？
青木　いや、なんか格闘技界ってサファリパークみたいなものじゃないですか。いろんな変な人がいるじゃないですか。それを見ていて「これはダメだろ」って反面教師的に学んでいった感じっすね。
――格闘技界にずっと違和感があった。
青木　違和感はずっとありましたよ。逆におもしろくてさ、格闘技界の人間は俺に対して凄く違和感があると思う。でも俺のほうがずっとあった。それを研ぎ澄ませていった結果ですよね。だからずっとマネージャーなんかもつけずに全部自分でやるんです。試合のことも全部自分でやってるし。このあいだの直前に相手が変わったときの交渉も、全部自分で対応してやりましたもん。
UN　試合前にずっとやっていましたね。
青木　だからまあ、俺らは堀口夫妻よりもちゃんとこなれてますよ。
――想像で言うな（笑）。じゃあ、これからも青木真也をよろしくお願いしますね。それとアーティストとしてのご活躍も期待しております。
UN　はい。こちらこそよろしくお願いします。

青木真也（あおき・しんや）
1983年5月9日生まれ、静岡県静岡市出身。総合格闘家。幼少期より柔道で鍛え、早稲田大学3年時に格闘家としてプロデビュー。DEEP、修斗と渡り歩き、2006年2月に修斗世界ミドル級王座を戴冠。大学卒業後は警察官となり警察学校に入るも2カ月で退職して、プロ格闘家一本に。その後はPRIDE、DREAMでライト級王者になるなどして活躍。2012年7月より契約を交わしたONE Championshipを主戦場にしており、ONEでもライト級世界王者となる。MMAと並行してプロレスの活動も積極的におこなっている。現在も日本人トップの実力を誇っているが、2022年3月に秋山成勲にTKO負け。同年11月にはサイード・イザガクマエフにもTKO負けを喫してグラップリングマッチを含めて4連敗中。2024年1月28日、有明アリーナにてセージ・ノースカットと対戦するはずだったが、当日トラブルにより急きょ対戦相手がジョン・リネカーに変更。アクシデントに見舞われながらも見事1ラウンドに一本勝ちをおさめた。

UNSPOOKY（アンスプーキー）
2007年、デザイナーとしてキャリアをスタートする。デザイン会社や出版社、ブランドのインハウスデザイナーなどを経て2018年に独立。自身のアートワークの制作を開始する。デザインワークと相反するアートワークでは、自身のこれまでの経験から見えてきた人間の深層世界を表現している。「UNSPOOKY」とは「spooky（不気味な）」を逆説の意味を持つ「un」で否定することにより、その存在を肯定した造語であり、その名の通り「不気味な存在に向けた好奇心や恐怖心」をテーマに制作をおこなっている。

鈴木みのるのふたり言

第127回

プロレスにおけるステータス

構成・堀江ガンツ

──プロレス界は昨年末から激動ですよね。新日本プロレス界隈は特に。

鈴木　そう？　俺のなかでは誰がどこに行こうがどうでもいいことなんで。俺にとって重要なのは、今年に入ってから新日本に呼ばれてないってことだけだよ。

──そういえばそうですね。それ、棚橋新社長に何か言ったりしないんですか？

鈴木　社長に言って、なんとかなるなら言うけどさ。

──社長に言っても仕方ないかもしれない（笑）。

鈴木　要するに新日本にとって俺に価値がないってことだけなんで。俺は、カネを出して俺を呼ぶだけの価値やステータスをまた作っていくっていうだけ。ただ、それとは逆にいま俺が持っているステータスがほしいってことで、国内外いろんなところからオファーがあるから。いまの新日本には、いまの鈴木みのるのステータスはいらないっていう、それだけですよ。そんなの、いまに始まったことじゃないけどね。

──そうですね。

鈴木　俺はこのフリーっていう生活をもう20年もやってるんだよ。いま自分の手のなかにないものを嘆いたり、誰かのせいにしたり、「どうしよう……」なんて考えてる暇があったら、いますぐカネを生み出すことをやっていく。ないものはないんだから。

──求められるところに行くだけだと。

鈴木　日本の団体から俺に払われる1万円も、海外のインディーが俺に払う1万円も、俺からしたら一緒だから。こっちは東京ドームやなんとかスタジアム、こっちは田舎の公民館やショーパブかもしれない。でもプロレスでカネを稼いでる俺にとって、同じ金額ならどこでも一緒なんで。

——団体の規模はいっさいこだわらないと。

鈴木　ちゃんとカネが支払われるならね。出る団体によって差をつけているのは、俺じゃなくて見てる人だよ。メジャーと言われる団体、それも国内の団体を中心に見ている人が勝手なランク付けをする。べつにファンがどう見ようと勝手だけど、その感覚でそのままレスラーになってる人間がたくさんいるから、そういうレスラーが壁を作っていく。俺にはそもそもそれがないんで。

——そのレスラー個人を評価するのではなく、どこの団体に上がっているかで評価するというか。

鈴木　その団体に上がってるだけじゃなく、「これ、契約はどうなってるんだろうね?」とかさ。「鈴木さんはフリー契約でしょ」とか言うヤツがいるんだよ。何を言ってるんだって。〝フリー契約〟なんていう契約は世の中に存在しないんだぞって。

——単発か、期間を決めた契約ですよね。

鈴木　誰かがどこかの団体を退団すると、「フリーになって、鈴木みたいにいろんなところに出ればいいじゃん」とか言うヤツもいるけど、どうぞやってくださいよ。俺もそうだし、今回『KAMINOGE』で対談したウナギ・サヤカもいろんなところに出てるけど、それを見て、フリーになれば誰でもいろんな団体で稼げると簡単に考えてるヤツがいっぱいいるんで。どうぞなればいい。そして苦しめばいい。世間の風の冷たさを感じればいいよ(笑)。

——いろんなところで必要とされなきゃいけないわけですもんね。

鈴木　フリーになればどこにでも行けると思いがちだけど、呼ばれなきゃどこにも行けないんだから。ダイレクトに自分の価値がわかるというかね。

——市場価値があるかどうか。

鈴木　それも見てる側の論理のような気がする。「自分の価値」と「市場価値」って似てるようで違うんだよ。この世界、かならずしもオファーが来て、それを受けてというだけじゃないから。付き合いで出ることもあるし、逆にお願いして出してもらうなんてこともある。それも含めて、どんな方法であってもリングに上がってプロレスでカネを稼げば一緒なんで。「頭を下げてまでやりたくない」というヤツもいるでしょ?

——いるでしょうね。

鈴木　でもフリーになってみてわかることは、頭を下げようが、それこそ土下座しようがゴマをすろうが、1万円は1万円だから。いちばん大事なのはちゃんとカネを稼ぐことなんで。俺にしてもウナギにしても、いろんなところに出てる人間に対してはやっかみも多い。「はあ? なに言ってんの。俺、おまえの1億倍努力してるぞ」って思うけどね。

——いろんな団体で活躍できているのにはかならず理由があるでしょうね。

鈴木　昔、とある大手団体に出たとき、試合中の何かの攻防で首を怪我したんだよ。「ああ、動かねえ……」ってなって。そのとき「トレーナー室に行きましょう。何か応急処置ができるかもしれない」って言われて、連れて行ってもらったの。そうしたらそこにいたトレーナーが言った一言が凄くて、「所属選手以外は診ないんです」って。

——えっ……。

鈴木　「でも、しょうがない。来たんだから特別に診てあげましょうか?」って言われたから、俺は「いいです」って言って帰ったんだよ。その人の契約で所属選手のケアはするっていうことなんじゃないかな。

――それにしても、その大会に出場していたら所属選手もフリーも関係ないじゃないですか。事故が起きたらどうするつもりなんですかね？

鈴木　どうするつもりなのかは知らないけど、フリーっていうのは厳しいもんですよ。だから俺はよっぽどのことがない限りはトレーナー室には出入りしないし、それはいまも変わらない。できるだけ自分でケアできるように、そういう道具を持ち歩いてるんだよ。俺は30年以上、トレーナーの廣戸（聡一）さんに身体を診てもらってるんで、「こういうときはこういうのが必要だから、これ、いる？」とか言われたものは自分で持ち歩くようにしている。

――それは海外でも一緒ですか？

鈴木　海外にトレーナーなんかいないよ。本当に大きい団体だったらいるけど、インディーはまずいない。AEWはいつもいるけどね。トレーナーとドクターが。

――そのドクターやトレーナーに治療、施術を受けられるのは出場選手みんな共通ですよね？

鈴木　はい。

――団体所属選手なのかどうかっていうのは日本だけですか。

鈴木　だから日本のムラ社会と一緒だよ。昔の話だけど、「（テーピングの）テープそこにあるから使っていいよ」って言われたんで使ってたら、あるレスラーに「所属じゃねえのに使うのかよ」って言われたことがあるよ。あとはクーラーボックスにペットボトルの水が入ってて、「水、どうぞ」って言われたから練習後に飲んだら、「所属じゃねえヤツが飲むのかよ」って言われたりね。

――なんなんですか、それって。

鈴木　知らない。だったら最初に言えよって。

――しかもそれを雇用者、興行主が言ってるのではなく、被雇用者の選手が言ってるわけですよね？

鈴木　会社と自己を同一化して勘違いしてしまうんだろうね。世の中の人が全員フリーになれば、自分というものがわかるよ（笑）。この手の話はいくらでもあるからね。

――なんか、なつかしの「サラリーマンレスラー」という言葉を思い出してしまいますね（笑）。

鈴木　俺は原宿でこのお店（『パイルドライバー』）をやってるから、「ベースがあるからいいよな」とか言われたりするけど、「何を言ってんの？」って。俺は不労所得を得てるわけじゃねえから。プロレス以外の時間を使って仕事して、家賃払って給料払ってここで違う商売をやってるだけだから。ずっと団体に所属しているとわかんないのよ。そんなヤツ、消えてなくなれと思うけどね。もし、これを読む機会があって「えっ、コイツ、俺のことを言ってんの？」と思ったヤツがいたら、そうです、あなたのことです。

――ぼんやりと何人かの顔が浮かびましたけど（笑）。でも日本のプロレス団体も遅かれ早かれ、所属だなんだっていうのはなくなるんじゃないですか？　アメリカももちろん所属はありますけど、それって契約期間内の話で、ずっと社員でい続けられるようなのとは違うじゃないですか。

鈴木　日本の団体に所属してるヤツは、終身雇用的な感覚でいるヤツが多いからね。そんなの俺はデビュー1年で捨てたんだよ。

――本来、プロの世界では個人的に年長者

を敬っても「先輩のほうが偉い」みたいなのがずっと続くわけないですしね。

鈴木　俺は先輩も後輩も関係ないよ。先輩に対してはあるかな？　それは先輩を立てておけば問題ないみたいなこともあるから（笑）。

――でも今後、最初に入った団体で上を目指すのが正道みたいな価値観も変わっていくんじゃないですかね。世界のいろんな舞台で求められるレスラー像が憧れの対象になっていくんじゃないかなと。すでにそうなりつつあるというか。

鈴木　たとえば誰？

――たとえば新日本の所属選手だと、エル・デスペラード選手だったりとか石井智宏選手だったりとか。あとはそれまで日本の団体に長く所属にていても、海外のメジャー団体を求める人が増えるんじゃないですかね。日本でいちばん大きな団体である新日本プロレスの絶対的なトップだった、オカダ・カズチカ選手が退団して海外に行こうとしているわけですから。

鈴木　そうなの？　いや、わかんないよ。

――でも、そう思いません？

鈴木　思いません。

――大きな団体に所属して上にあがって行くのがいちばんだっていうふうにこれからもみんな思い続けますかね？

鈴木　変わらないと思います。プロレスラーとしてスタートする時点でそういう価値観を持っていて、どんどんステップアップして上に行こうっていうヤツはずいぶん前からいるんだよ。それは戦略的なものでね。最初からいちばん大きな新日本プロレスに入ったら競争率も高いし、選手層も厚いと。あとは入門したら練習がキツそうだから、まずはDDTなんかに入って、そこで活躍して目をつけられて新日本に行って、そこからさらにWWEとかに行けばいいっていうヤツがもう10年以上前からいる。飯伏（幸太）がDDTから新日本、AEWに行ったんで、さらに増えるかもしれない。

――それはありそうですね。

鈴木　だからそういうヤツはいるけど、最初から新日本に入ったヤツは今後も変わらないと思います。なぜかと言うと、いまだと日本から海外に行ったレスラーで成功者というと中邑真輔がいる。WWEでの収入がいくらなのかは知らないけれど、WWEが相手にしている視聴者数は10億人以上と言われていて、規模が違う。だから「俺も中邑ぐらい活躍できる」と思ってたら、もっと行くと思うんだよ。

――たしかにWWEに関しては、中邑選手に続く男子の大物選手というのはなかなか出てきませんもんね。

鈴木　それは高校野球なんかでさ、甲子園常連の名門校でエースになれたら凄いけど、「レギュラーになれなかったら困るから、俺はもうちょっと弱い学校でエースになったほうがいい」っていう選び方をしがちなのが、日本人ですよ。

――レスラーもそういう人が多いと。

鈴木　はい。だから日本の大手団体に所属していて、さらに上を目指して海外に行く人の数っていうのは、そう変わらないと思いますよ。

――なるほど。

鈴木　いきなり野に放たれたり、大海にボーンと放り出されても、どっちに行っていいかわからないだろうからね。俺はそこで変わらずサバイバルしていきますよ。

鈴木みのる

世界一性格の悪い男

ウナギ・サヤカ

極彩色に翔ける傾奇者

ウナギ・サヤカがついに『KAMINOGE』初登場!!

限界などありはしない! とことん馬鹿になれ!
フリーになったら本当の自分が見えてきた!!

「プロレスほどおもしろいものはないから
辞められないと思う。
俺もフリーになって自分の限界を
作るのをやめたら、
ホントに世界が広がったからさ」
「フリーになったからには全部が自分の
責任だから、ワンミス・ワン終了だと
思ってる。だからこそ楽しいと思って、
全ベットしてやっているつもり」

収録日：2024年2月7日　撮影：タイコウクニヨシ　試合写真：@shingod_1　構成：堀江ガンツ

HARAJUKU
SINCE2015
PILEDRIVER
since 2015
DINOSAUR
DSQUARED2

「この対談はみのるの熱望によりでしょ？　みのる、もう私のこと好きすぎでしょ。めちゃくちゃ私の話をしてるじゃん！」（ウナギ）

鈴木　ウナギ、それズボン破れすぎだろ。

ウナギ　そう。お金がないんですよ。助けてください、ホントに。

鈴木　ビリビリビリって破きたい（笑）。

ウナギ　やめてください。ホントに！　大事に穿いてるんだから（笑）。

——では、ひと通りワチャワチャしたところで始めさせていただきます。この対談は鈴木さんの……。

ウナギ　（食い気味に）希望によりですよね？

鈴木　はあ？

ウナギ　みのるの熱望により実現！（笑）。

鈴木　そうだっけ？

——まあ、前号の「鈴木みのるのふたり言」でウナギ選手について語ってもらった流れですね。

ウナギ　『KAMINOGE』買っちゃいましたよ。みのる、もう私のこと好きすぎでしょ。まるまる私の話じゃないですか。ホントにビックリしちゃった。

鈴木　じゃあ、俺の希望ってことでいいよ（笑）。

ウナギ　やっと素直になった（笑）。

——去年、鈴木さんの対談集を出させてもらったんですけど。

ウナギ　『俺のダチ。』みたいなやつですよね？　あれ、ウナが出てないんだから全員ニセモノのダチ。

鈴木　なんだよ、それ⁉

——〝ビジネスダチ〟ことですか？（笑）。

ウナギ　そう、ビジネスダチ（笑）。

鈴木　たしかに俺、友達がいないんだよ（笑）。

ウナギ　ウナもビジネスダチばかりだから大丈夫（笑）。

——『俺のダチ。』は再録が多いんですけど、新録で目玉企画を入れようとなったとき、出版社のほうから「ウナギ・サヤカさんはどうでしょうか？」って話が来たんですよ。

ウナギ　えー、うれしい！

——それで鈴木さんに振ったら、「えーっ⁉　やだよ」って（笑）。

鈴木　アッハッハッハ！

ウナギ　うれしいくせに！　ホントそういうところあるよね、みのるは（笑）。

——それが今回実現したということで、去年から何か心境の変化があったのかなと。

鈴木　そもそもガンツが「やろう」って言ったんじゃん。『KAMINOGE』のインタビュー連載で、毎回「今日は何をお題にする？」って俺が聞くんだけど、いつも考えてこないんだよ。雑談の最中で「じゃあ、そのネタでいきましょう」とか言ってさ。

――いくつかネタを考えてあるなかで、雑談をしながら深堀りしたほうがよさそうな話を探ってるんですよ（笑）。

鈴木　それが前回は「ウナギ・サヤカについてしゃべりましょう」って最初から言うからさ。俺は「話すことねえよ」って言ったんだけど、いざしゃべってみたらあったんだよ（笑）。

ウナギ　読んだけど、めちゃくちゃあったじゃん！（笑）。

鈴木　それで「対談をやりましょう」って話になって、俺が「いいよ」って言ったら、もう実現したと。『KAMINOGE』って40、50代のプロレスマニアが読んでそうな気がするけど、ウナギは40、50代をガッツリつかんでるよね？

ウナギ　ホント？

鈴木　このあいだの自主興行（1・7後楽園ホール）もそのへんの層をガッツリつかんでる感じだったよ。

ウナギ　へえー。私、まったく憶えてなくて。3試合もやったんで、けっこう記憶が飛んでるんですよ。

鈴木　俺も観てて、「これ、大丈夫かよ？」って思ったもんな。最初に彩羽（匠）とやった試合から、もうボッコンボッコンやって頭からドーンって落としててさ。「うわー、けっこうハードな試合やってんな」と思ってて、ウナギが控室に戻ってきたら、みんながワーワー騒いでるから「えっ、どうしたの？」って聞いたら、『記憶がない』って言ってる」って（笑）。

ウナギ　いきなり記憶がなくなっちゃった（笑）。

「このあいだの自主興行の前、連絡を取り合ってもパニックになってる感じで意味不明なLINEとかが来てたもんな（笑）」（鈴木）

――3試合やるのに、いきなり1試合目からそれですか。

ウナギ　何か原因となる攻撃があったというより、初めての自主興行でたくさん準備して、普段は絶対にやらないこともやっていたんで、たぶん完全にキャパオーバーしてたんですよ。

鈴木　大会前から、連絡を取り合ってもパニックになってる感じで、意味不明なLINEとか来てたもんな（笑）。

ウナギ　もうめっちゃパニックで（笑）。

鈴木　その意味不明なLINEに対して俺が真剣に考えて返信しても、それに対するレスポンスもなく（笑）。

ウナギ　アハハハハ！　でも（出場する）メンツが最強すぎたんで、自分が使いものにならなくてもどうにかなるわっていう安心感で当日まで持っていけたんで。「もういいや！　みのるだし！　どうにかなるっしょ！」みたいな（笑）。

鈴木　大会当日は控室でウナギがパニックになって潰された虫みたいにうずくまってるから、「おい、大丈夫か？」って聞

REXY IS AN

いたら、「うーん、わかんねー!」とか言ってて（笑）。

ウナギ　あれ、裏を見せてあげたいくらい。人がパニックになるとここまでいくよっていうのを（笑）。でも終わってみれば楽しかったですね。

――鈴木さんもデビュー20周年で、初めて後楽園で自主興行をやったときは、同じような経験をしたんじゃないですか？

鈴木　ああ、そうだね。選手に自分でオファーを出して、チケット販売もやって。最後に「チケットがあと100枚だけ残ってます」ってなったときは、完売させたいからさ、「おまえ、2ちゃんねるに書き込みしろ。サクラだ、サクラ!」とか言って（笑）。

ウナギ　へえー、そんなことまで（笑）。

鈴木　『『あのチケットはどこで買えますか?』って書いて、『ここで買えるよ』って話題にしろ!」って（笑）。

――そんなステマ告白をしないでくださいよ（笑）。

鈴木　まあ、もう15年前の話だからな。あとは売れ行きがあまりよくないプロレスショップからチケットを回収して、売れゆきがいいところにどんどんまわしたりとか。

ウナギ　たしかに行き渡っていないときってありますよね。「ほかは売り切れてるのに、ここにはある」みたいな。

鈴木　それで試合のプロデュースも第1試合から全部やったんで。もう頭がパニックだよ。

ウナギ　みのるもパニックだったんだ。安心した（笑）。

鈴木　もう自分が出るメインのことなんか何も考えられなかったよ。髙山（善廣）とのシングルだったんで。

ウナギ　うわー、観たい!

鈴木　「とりあえずグーで殴り合えばいいか」と思って、ずーっとグーで殴り合って、ふたりして顔がこんなに腫れて終わったんだよな（笑）。

――しかも、それが2試合目ですもんね。

ウナギ　みのるも1日2試合やったんだ?

鈴木　1試合目はモーリス・スミスっていう、若い頃にボコボコにされたキックボクシングの世界チャンピオンとのエキシビションマッチ。

ウナギ　やばーっ!

鈴木　よくやったよ。それで第1試合は選手全員がライガーっていうタッグマッチ（笑）。

ウナギ　えーっ、なにそれ?

鈴木　本物の獣神サンダー・ライガーと、菊タローの獣神サンダー・菊イガー、冨宅の獣神サンダー・冨宅イガー、メカマミーの獣神サンダー・メカマミー。それでレフェリーの和田良覚も獣神サンダー・良ガーで、全員がライガーのマスクかぶって、ライガーのテーマ曲が流れたらみんな一斉に入場してくるんだよ（笑）。

ウナギ　それ、めっちゃおもろい！　いいなあ。次回パクろっ（笑）。

鈴木　あとは、いま話題の中嶋勝彦が相手で佐藤光留のプロレスデビュー戦を組んだり、バトルロイヤルを入れたり。とにかく詰め込んだよ。

「自分がプロレスラーとして一番でやっていきたい。最悪みのると〝仲間〟になったとしても、そこに1枠しかなかったらみのるでも蹴落としたい」（ウナギ）

ウナギ　バトルロイヤルいいな〜。（スマホで当時の出場メンバーを調べながら）えっ、バトルロイヤルに内藤（哲也）さんも出てるんですか？

鈴木　内藤やSANADAも出てるね。まだ、ふたりとも若手の頃で。

ウナギ　（男色）ディーノさんもいる。しかも、そのメンバーでマッスル坂井が優勝っていう（笑）。

鈴木　優勝した坂井が「鈴木みのると対戦できる権」を獲得して、次回の『マッスル』に俺が出て闘うみたいな流れだったな。ウナギがこのあいだやった後楽園は、デビュー5周年の記念大会だったんでしょ？

ウナギ　デビュー5周年とフリーになって1周年みたいな。

鈴木　「フリーになって1周年」とか、それ記念になるのかよ（笑）。

ウナギ　なるよ。フリーになってから1年間、めちゃくちゃがんばって、いろいろ大変だったんだから。

鈴木　フリーになったというか、スターダムをクビになって、フリーになっちゃったんだろ？（笑）。

ウナギ　そう、クビになった（笑）。そのとき、まわりから「団体を作れ」「おまえなら作れるから」みたいなことも言われたんだけど、それは絶対に無理だと思ってたから。人のためにこの脳は使えないと思って、自分の会社を作ってフリーとしてやり始めたんだけど。プロレスラーになってからの集大成というか、自分の代表作みたいなものを作っておきたいと思って、ちょうどデビュー5周年だし、「やっちゃえ！」みたいな。

鈴木　そういや俺もデビューして5年のとき、「やっちゃえ！」って感じで新団体を作ったな（笑）。パンクラスを作ったのがデビュー5年だもん。

ウナギ　えーっ！　じゃあ、ウナも作るか。みのるができるなら。

鈴木　簡単に言うな！（笑）。

ウナギ　団体名は何がいいかな……。「性格が悪い」って英語でなんて言うんだろ？

鈴木　おい！（笑）。

ウナギ　（スマホ翻訳サイトで調べながら）あっ、バッド・パーソナリティ！

鈴木　そのままじゃん！（笑）。
ウナギ　団体じゃなくてユニットみたいな形でもいいかと思ったんだけど、結局、団体あってのユニットみたいなのも多いし。「ユニット」という言い方もなんか気持ち悪い。
鈴木　気持ち悪いね。俺は嫌い。
ウナギ　なんか仲間みたいな。まあ、仲間ではないんですけど。
鈴木　仲間じゃないんだ（笑）。
ウナギ　だって結局は自分がプロレスラーとして一番でやっていきたいから。じゃあ最悪、みのると〝仲間〟という設定になったとしても、「ここには1枠しかありません」ってなったら、みのるでも蹴落としたいし。その1枠って絶対に譲れないから。
鈴木　俺だって突き飛ばすよ。崖っぷちのギリギリのところでポンッって（笑）。
ウナギ　いや、しがみつく！（笑）。
鈴木　でも、それはフリーでやっていくなかでいちばん大事なことだよ。
ウナギ　なんか、みのるのことをただ性格の悪いヤツだと思ってたんだけど、一緒にやることが決まってちょっと調べたら感心したことがあって。あの東日本大震災のあとのマイクは誰に対してだっけ？
鈴木　杉浦（貴）？
ウナギ　そう。あのときのみのるのマイクを知って、「ちっ、アイツなかなかすげえな……」みたいになって（笑）。
――震災直後、当時のGHC王者・杉浦選手があの状況でプロレスをやることに迷っていたとき、「東北で苦しんでる人のなかにもプロレスファンはいるだろう。（東スポ「プロレス大賞」で）MVPを獲ったおまえがプロレスの力を信じないで、誰が信じるんだよ！」といった発言をしたマイクですね。
鈴木　あの3月11日、全日本が宮城県の石巻で試合をする予定で、ちょうど会場に向かっているバスのなかで被災したんだよ。地震が起きた瞬間、大型バスがボーンって跳ねたからね。
ウナギ　ヤバッ！
鈴木　それで停まって。「ここは危ないから移動します」って移動したら、さっきまで停まっていた橋がバラバラと崩れ始めて、海沿いを走っていたら自衛隊のクルマが来て「津波が来るから逃げろ！」って先導してもらったりとか、そういう経験を当時したんだよ。それから杉浦の話があってさ。

「不謹慎だとかなんだとかって、だいたいやらないヤツが文句を言うんだよ。俺は『いや、これは仕事なんで』って取り合わない」（鈴木）

――杉浦選手は震災の10日後くらいに福岡でGHCの防衛戦をやったあと、「西日本で試合をして経済を回すのはともかく、いま東日本で試合をして被災地の人たちに勇気を与えられるのかどうか」と、5月に有明コロシアムで予定されていた鈴木さんとのGHC戦をやっていいかどうか迷っている旨のコメントを出したんですよね。

鈴木　そう。俺もそのコメントを伝え聞いたあとのモヤモヤした気持ちをどうしようかと思っていて。だからあれは作った言葉じゃないんだよ。「もう言っちゃえ!」と思って、腹のなかにあるもの全部しゃべった。そうしたら控室で「あんなことをリングで言う必要はない」って、当時いたあるヤツに言われたんだけど、「いや、これは俺の仕事なんで」って取り合わず。

ウナギ　さすが私のマブ(笑)。

鈴木　なんだよ、それ。俺の話に自分を乗っけるなよ(笑)。

ウナギ　でも、ウナも自主興行の前のお正月に北陸で震災があって、みんなが自粛モードになっていて。私は8万人くらいいるフォロワーを大事にしているんですけど、来てくれる人や来れない人も含めて発信したいのに、それがはばかられる雰囲気があって。

鈴木　こんなときに宣伝するなんて不謹慎だとか言われるんだろ?

ウナギ　そう。チケットはもう売れてるし、告知をやる必要はないんだけど、自粛ムードだから告知するなっていうのは凄く気持ち悪くて、「いや、私は言うよ」って。「いま働けるウチらが働かないと。見せるものを見せられる人が見せないと意味ないでしょ」みたいなことをつぶやいたら、みのるのあの試合のYouTubeのリンクを何人か貼りつけてきて。それで観て「みのる、アイツやるわー」と思って(笑)。

鈴木　あのときは俺もすげえいろんなことを言われたよ。「何を言ってんだよ!」っていう批判もたくさんあった。でも、俺はそんなの関係なく、自分の考えで動き始めて、いろんな人に声をかけて、震災から1カ月後くらいに新宿FACEでチャリティーイベントをやったんだよ。そこで募金を集めて、そのお金で被災地でプロレスをやろうと思ったの。そうしたら「そのお金は被災地に送るための募金で、おまえらのプロレス興行のためじゃない」とか言われて頭に来たから、全額その場で募金して。現地でプロレスをやるためのお金は自分で全額出して行ったんだよ。

ウナギ　全額自腹なんだ!

鈴木　それで賛同してくれる仲間を連れて行って。バスでの移動費がかかるから、みんなに「ごめん、割り勘で!5000円ずつちょうだい!」って移動代はみんなの自腹で。それで被災地の避難所に行って、そこの駐車場にリングを組んでおじいちゃん、おばあちゃんを呼んでプロレスをやったんだよ。おもしろかったよ。

ウナギ　それは石巻とか?

鈴木　石巻にはまだ入れなかったんで、別の町だったんだけど。
ウナギ　やっぱそういうことをやる人、できる人って限られてるし、それをやってるからあのマイクが言えるじゃないですか。
鈴木　あれは本気で言ってるからね。
――でも当時の鈴木さんのそういう行動は、「偽善」とか凄く言われてましたよね。
ウナギ　そうだったんだ？
鈴木　だから一緒に行くレスラーたちにも「一緒に〝偽善〟しに行こう」って言ってね。だいたいやらないヤツが文句を言うんだよ。
ウナギ　ホントそういうことだと思う。でも、あの時代のほうがSNSやマイクで自分の本当の気持ちを発信するっていうのが薄い時代だったから、逆にあんないっぱいしゃべったみのるはすげえと思って。
鈴木　しゃべったねえ。あれは作った文章じゃないんで。
ウナギ　でも逆に伝わった。
鈴木　時を超えて（笑）。
ウナギ　あれはめちゃくちゃよかった。友達にもめっちゃ見せたもん。「ちょっとコイツ、めっちゃ性格悪いんだけど、この動画観てよ」って（笑）。
鈴木　その枕詞はいらなくねえか？（笑）。
ウナギ　「このマイクは凄くいい言葉なんだけど、ホントはめちゃくちゃ性格悪いんだよ」って（笑）。
鈴木　それ褒めてないだろ。人格否定じゃねえか（笑）。
ウナギ　褒めてるよ。だからもっとやってほしい。
鈴木　あのとき、そこまで自分を動かした要因は、現地で被災したのもちろんなんだけど、そこでプロレスファンに会ったんだよ。あの日、本当は石巻で試合だったんだけど中止になって、ひと晩バスのなかで寝て。翌日、東京に帰る途中のトイレ休憩で降りたとき、20代くらいの男が俺のところにバーッと寄ってきて、「ボク、きのうの石巻のプロレスを観に行く予定だったんですよ。街はボクらが元通りにするんで、また来てください！」って泣きながら握手を求められちゃってさ。それで「わかった。かならず行くから待ってろ」って言って。
ウナギ　へえー、カッコいい！
鈴木　それが心のなかでずっとリピートされて残ってるね。ちょっと真面目な話をしちゃったけど。

「みのるはもう行くところまで行ってるし、強いし、偉そうだし、偉くて強いっぽく見せるのがめっちゃうまいから勝ちたい」（ウナギ）

――この対談が、こんないい話になるとは思いませんでしたね。

鈴木　いい話が出ちゃ悪いのかよ！（笑）。
――いや、いまフリーのプロレスラーでいちばん売れているふたりなので、お互いの「フリー論」みたいな感じになるかなと（笑）。
ウナギ　いちばん売れてるかな？
鈴木　俺はね。
ウナギ　いや、ウナもじゃない？
――そうだと思いますよ（笑）。
ウナギ　ただ、ほかと比べていないというか、自分が楽しかったらなんでもいいかなって。
鈴木　俺も他人との比較は考えてないね。
ウナギ　でも、みのるには勝ちたい！
鈴木　なんで俺だけなんだよ！（笑）。
ウナギ　ウナから見たら、みのるはもう行くところまで行ってるし、強いし、偉そうだし、偉くて強いっぽく見せるのがめっちゃうまいから（笑）。
鈴木　〝王様〟だもん。
ウナギ　だから「そうならなければいけない」っていう言霊を自分にかけてる。「ウナギ・サヤカを呼んだら、お客さんをいちばん呼ぶし、いちばん盛り上げる」っていつも言ってるけど、それは自分に言い聞かせてる。みのるはそれを何年もやってるわけでしょ？　一時期だけ成功させることはできても、それをずっと続けるのは本当に大変だと思う。
鈴木　俺はフリーになって20年、毎年かならず大きなタイトルマッチやビッグマッチをやってる。
ウナギ　凄い！　しかもフリーで20年!?　プロレス歴は？
鈴木　もうすぐ36年。
ウナギ　すげえ……。だってウナの生きてるくらいプロレスをやってるわけでしょ？　だからこれに勝つためには何をするかって考えなきゃいけない。でも、あのマイクもそうだし、ファンの記憶に残ることをやってきたのが凄い。「あの試合よかったね」って一時言われるんじゃなく、ファンの記憶にずっと残って、何十年経っても「あれ凄かったね」って言われる人ってなかなかいないと思うんですよ。ベルトをいくつ獲ろうが、いつまでも記憶に残るのはホントに限られた人だと思う。これに勝ちたいですね。鈴木みのるに！　1ミクロンも負ける気なんかないんで。
鈴木　勝ってみろよ、コノヤロー！（笑）。
ウナギ　絶対に勝つ！　絶対に勝つ！
鈴木　それこそ『KAMINOGE』を読んでいるようなコアなプロレスファンたちは、35年前、俺がデビュー1年の若手のときにやった猪木さんとの試合とかをいまだに語るからね。
ウナギ　あれもYouTubeで観た！　新人であんな試合しようとするって、ヤバいよ。完全にキ〇〇イ！

鈴木　キ○○イではない（笑）。でも、あのときは「これ勝ったら俺はスターだ」としか思ってなかったもん。
ウナギ　怖いとかいっさいない？
鈴木　もちろん怖いけれど、「勝ったら俺が次のスターだ！」という思いでかき消されたね。どうにかして一発当てて、猪木さんが倒れねえかなと思いながら試合してたんだよ。
ウナギ　ヤバいな（笑）。
鈴木　当時はいまみたいな〝様式美〟がないんだよ。なんでもありで、ちゃんと攻撃を入れるし。それで倒れたら、倒れたほうが「しょっぱい」って言われるんだよ。
ウナギ　へえー。
鈴木　そういう時代なんで、「入れちまえ、コノヤロー！」って行ったら、逆にグーでバーンと殴られて（笑）。
ウナギ　あの試合、いまのプロレスと全然違うから観てて怖かった。
鈴木　おもしろいんだけどね。

「留置所に迎えに来てくれた坂口征二さんにバコーンと殴られて踏みつけられて、お巡りさん6人くらいが『死んじゃうからやめて！』って（笑）」（鈴木）

ウナギ　そこから猪木さんとまた対戦することは？

鈴木　もうなかったね。そのあとすぐ、UWFっていう団体に移籍しちゃったんで。最近、新日本を辞めて壮行試合をしてもらった凄く有名な選手がいたじゃん？

ウナギ　オカダ・カズチカさん？

鈴木　あれを見たとき、「時代が変わったな」って思ったよ。俺もちゃんと契約満了で「更新しません」っていう話をしに行ったのに、訴えられたから（笑）。

ウナギ　えーっ、マジ!?

鈴木　「なんだよ、訴えるって。ふざんけんなよ」と思ってさ。

ウナギ　やっぱ人柄だよ（笑）。

――円満か円満じゃないかは人柄で決まる（笑）。

ウナギ　みのるの普段のおこないが原因（笑）。

鈴木　ふざけんな！（笑）。悪いことはしてないからね。

――でも鈴木さんは2回くらいクビになりかけたことがありますよね？　新日本と藤原組で。

鈴木　あっ……。

ウナギ　なかったことにしてる（笑）。

鈴木　いや、新日本をクビになりかけたのは、まだデビューしてなかったときだもん。シリーズ開幕前に船木（誠勝）さんに「六本木に飲みに行こう」って言われて行ったんだけど、酔っ払って路上でぶつかったヤツと大乱闘しちゃってね。

ウナギ　うわー、それはダメ！

鈴木　警察官15人くらいに押さえつけられて、そのまま連行されたことがあるんだよ（笑）。

ウナギ　それ、いまだったら一発でクビ！

鈴木　当時でも普通はクビだよね。留置所でもまだ酔っ払ってるから「猪木を呼んでみろよ！」とか騒いでたら、当時新日本の副社長だった坂口征二さんが迎えに来てくれて。うしろからバコーンと殴られて、踏みつけられて、今度はお巡りさん6人くらいが「死んじゃうからやめて！」って、坂口さんを止めたんだから（笑）。

――さすが世界の荒鷲、強すぎますね（笑）。

鈴木　俺は坂口さんにボコボコにされながら、「ああ、ホントに死んじゃうかも……」って思ってたのを憶えてるよ（笑）。

ウナギ　めっちゃ、すげえ……。

鈴木　ケンカでは無傷だったのに、坂口さんにやられて顔がこんな腫れてしまって（笑）。そんな時代だよ。

ウナギ　おもしろっ！　でもウナはそういう問題を起こしたことがないよ。

鈴木　起こしたい？

ウナギ　起こしたい。だってプロレスラーっぽいそういう逸話が私にはないもん。クリーンだから。

鈴木　どこがクリーンなんだよ（笑）。

ウナギ　クリーンもクリーン、激クリーンだよ！

――でも、ウナギさんもスターダムをクビになってるんですよね？

ウナギ　クビになりました。それ以外にもあって、まだプロレス5年しかやってないのに2回もクビになってる。

鈴木　問題児じゃん。やっぱそういうのよくないと思うよ（笑）。

ウナギ　違うの！　問題児じゃない！　なんかね、リークされる。マジの相談をしたはずなのに、その情報を軽く売られる。

鈴木　あー、それは俺も昔あったな。相談したり愚痴を聞いてもらったら、それが普通に記事になってたりとか（笑）。

ウナギ　えー、記事になるならいいじゃん。

鈴木　いや、それで揉めるんだよ。UWFや藤原組のとき、マスコミに相談して「これについて凄く悩んでる。もう顔を合わせるのも嫌だ」って前田日明さんや藤原さんのことを話したら、俺がこんなこと言ってるっていう記事が載って。それで怒られて「クビだ！」って言われるという悪循環だよ。

「自分でも一生懸命やったから『自分の力でやった』と思いたいけど、実際は誰かがやってくれたこともめちゃくちゃあって、それがプロレスだなって」（ウナギ）

――なぜか、鈴木さんが「前田日明がこの世からいなくなればいい」とか言ってることが誌面を飾ってしまうという（笑）。

鈴木　実際、毎日そう思ってたからね。いまだに前田さんに会うと、「おまえ、俺のことそう思ってたらしいな」って言われるよ（笑）。

ウナギ　でも男子だから許されるやつですよ。

鈴木　変な話、俺は裏があまりないから。「すみませんでした！　あの頃本気で思ってました！」って（笑）。ウナギはもともと団体の〝道場育ち〟じゃないじゃん。だから、ほかの女子レスラーと雰囲気が違うもんね。

ウナギ　はい。野良育ち。野良育ちっていうか、それまで全然違う世界で生きてきて、「プロレスラーになりたい」って思ったこともなかったし。なんなら「プロレスラーになれば？」って言われたとき、ウチらみたいなパンピーがプロレスラーで想像する人って、たとえばアジャ（コング）さんだったり、ダンプ（松本）さんだったり、井上京子さんだったりみたいな人たちで。「いや、そっちじゃないのよ」「デブになりたいわけじゃないのよ」みたいな認識のレベルだったから、自分が5年もやるとはおもってなかった。

――そういう認識でプロレスラーになりながらそれだけ売れていると、まわりからの嫉妬もあるんじゃないですか？

ウナギ　嫉妬はあるんですかね？　悪口を言われすぎてるから、いまも昔も何も思ってないし。

鈴木　誰に何を言われようが関係ねえよ。誰かのために生き

てるんじゃないし、自分の人生のために生きてるんだし。
ウナギ　私もそう思う。ただ、1・7の自主興行のときに思ったのは、自分のためにやった興行だったのに、結果的に自分じゃない人が成功、成功させてくれたから。まあ、みのるもその一部だよね（笑）。
鈴木　一部扱いか（笑）。
ウナギ　自分でも一生懸命やったから「自分の力でやった」と思いたいけど、実際は誰かがやってくれたこともめちゃくちゃあって。プロレスってそういうものだなって。でも恩を着せられたまま終わるのは絶対に嫌だから、もっと大きいものにして恩を返したい。凄いものを見せつけて返したいと思ってるんで。
鈴木　ほら、俺が前回の『KAMINOGE』で言ったとおり、ウナギはプロレスのおもしろさにちょっと気づき始めてるよね。
ウナギ　いやー、プロレスはめっちゃおもしろい！
鈴木　ウナギと知り合ったのはちょうど1年くらい前だけど、その頃はまだ全然気づいてなかったと思うんだよ。でも、それから話をする機会が増えていくなかで、プロレスが持つ力やおもしろさにちょっと気づき始めているなっていうのは俺も感じてたんで。だいたい気づかないものなんだよ。レスラーっていつまで経っても自分のことばっかなんで。
ウナギ　でも最終的には自分のためにしか考えてない。
鈴木　いや、俺も自分のためにしかやっていないつもりなんだけど、最終的に自分のためになればいいと思っている。でも、ほとんどのヤツは目先のことしか考えてないんだよ。で、俺が思ったのは、ウナギは勝たないんだよ。同じ興行に出たとき、ちょっと試合を観たりもするんだけど、「そういえば、コイツが勝ったところあんま観たことねえな」って（笑）。
ウナギ　勝ったことないかもしれない（笑）。
鈴木　でも、これがフリーのプロレスラーのひとつの価値なんで。負けても次につながれば、それは〝勝ち〟なんだよ。言っておくけど、俺はAEWで一度も勝ったことないからね（笑）。
ウナギ　マジで!?　うわー、そうなんだ。

鈴木　でもテレビ戦争ではずっと勝ってる。WWEのNXTとAEWが同じ時間帯で放送のとき、力を入れたいってことでいつも呼んでくれるんだけど、俺が出た大会はAEWが全勝してるんで。俺自身は試合でちゃんと負けてるんだけどね（笑）。

ウナギ　ホントに私もみのるの前でマジで勝ったことがない。

鈴木　俺も観たことないね。勝ち方知ってる？

ウナギ　知ってるわ！（笑）。

鈴木　たまに俺もわからなくなるときがあるけど。「あれ、勝つってどうやってやるんだっけ？」と思って（笑）。

——鈴木さんもウナギさんも、日本だけじゃなく海外からのニーズも凄いですよね。

ウナギ　みのるが2月に小島（聡）をぶっ倒す予定のMLWに、ウナも3月に初めて出るんで。

鈴木　MLWは「メジャー・リーグ・レスリング」という名前のインディーだよ（笑）。

ウナギ　堂々と「メジャーリーグ」を名乗ってるのが清々しい（笑）。

鈴木　でも、あそこの団体はけっこうしっかりしてるんだよ。会場はそんなに大きくないけど、テレビがメインの団体なんで。

「俺は昔から女子選手のスパーリングの相手をすることに抵抗がなくて、最初にスパーしたのは神取忍。すげえ強かったよ（笑）」（鈴木）

——ウナギさんも海外のプロモーターから直接オファーが来るんですか？

ウナギ　そうですね。でも英語とかわかんないし、アメリカのプロレスとか知らないんで、ちゃんとした団体なのかもわからないから、めっちゃ怖いですよ。そういうときは「誰が出てるんだろう？」と思って調べて、「あっ、みのるが出てるわ！オッケー！」みたいな（笑）。

——鈴木さんが出てるってことは、取りっぱぐれがないだろうと（笑）。

ウナギ　でも向こうに行くと、みんな「みのるとやりたい」って言うよ。アメリカの女も言ってた。「あんた、みのるとやったんでしょ？」みたいな。

鈴木　へえー、そうなんだ。

ウナギ　女子から「この人と試合やりたい」って言われる男子レスラーってあまりいないから、「へえー、みのるって凄いんだね」って思った（笑）。

鈴木　日本でもなぜか女子プロレス団体からのオファーが続くもんな。あれも不思議だよ（笑）。

ウナギ　でも、マジでみんなみのるとやったほうがいいって思う。
鈴木　おっ、褒めはじめた（笑）。
ウナギ　いや、褒めてないよ。なんて言うんだろ、怖いものがなくなるっていうか。あれから「大丈夫かな……」っていう試合がやってきても、「まあでも、みのるとやってっからな」みたいな。自分のなかで1コ安心材料になってる。
鈴木　俺の場合、昔から女子選手のスパーリングの相手をすることとか普通にあったので、あんまり抵抗がないんだよね。俺が最初にスパーリングした女子選手は神取忍だもん。
ウナギ　うわー（笑）。
鈴木　藤原さんが神取のことをかわいがってたから、藤原組の道場に練習に来て。藤原さんが「おう、鈴木。やってみろ」って言うからやったら、ホントに投げられそうになって、「やべえ、すげえ強え……」と思って（笑）。
ウナギ　そうなんだ。神取やべえ。
鈴木　そのあとパンクラスになってからもいろんな選手が来たよ。それこそいま話題のロッシー小川さんが全女にいた頃、選手に格闘技戦をやらせるときは、いつもウチの道場に通わせてたから。井上京子も来たよ。
ウナギ　そうなんだ？
鈴木　タイのキックボクサーと試合をやるときに特訓ってこ

とで。
――ちなみに、その対戦したムエタイ選手って女子じゃないんですよね。
ウナギ　えっ、男子？
鈴木　いや、オカマ。
――オカマのキックボクサーって、見た目が女っていうだけで当時はまだ肉体的に男ですからね。日本の男子キックボクサーでも普通に勝てないくらいのレベルの選手で。
鈴木　パリンヤーだよね。あれ、強かったよ。
――性別的に男のムエタイ選手と、なんで女子プロレスラーがやるのっていう（笑）。
ウナギ　ボッコボコですか？
鈴木　もうボッコボコにやられてたね。
――でも、その試合で友情が芽生えて。パリンヤーってタイではそのあとスターになって、正式に女性にもなったんですけど（笑）。京子さんは何回かタイに呼んでもらって、パリンヤーの自伝映画にも本人役で出演されているんですよ。
ウナギ　マジか！
鈴木　へえー、よかったじゃん。あと女子選手でいうと、アルシオンができたときは団体ごとウチの道場に練習に来てたよ。それで（ロッシー）小川さんに「なんで女のコに（格闘技を）やらせてるの？」って聞いたら、「イメージですよ。パンクラスはクリーンなイメージがあるから、クリーンなイメージをつけたいんですよ」って言ってた。悪いオヤジだよね（笑）。
ウナギ　でもロッシーもスターダムをクビになって、これからどうするのか楽しみ。

「フリーになってめちゃくちゃ不安だったけど、必死に自分で動いたら、いつの間にか口座の残高がめっちゃ増えてたんですよ」（ウナギ）

――今回、ロッシーさんがスターダムの契約を解除されたあと、ウナギさんがX（旧ツイッター）で「ロッシーもギャン期」ってつぶやいてて笑ったんですけど（笑）。
ウナギ　やっぱりクビになったとか、会社を辞めましたって、なんか謎にマイナスイメージになっちゃうじゃないですか。私もスターダムをクビになったんですけど、そのときに魔法の言葉を手に入れて「ギャン期です！」って言ったら、ちょっと明るく聞こえるみたいな（笑）。
鈴木　なんとかなったんだ（笑）。
――クビになったことでフリーになったという状況を「ギャン期」という造語を使うことによって、「団体問わずオファーが絶えないバカ売れ状態に入った」というような意味合いになりましたもんね（笑）。
ウナギ　「ギャン期ってなんなの？」ってなるけど、言葉の意味がなんかよくわからないから成立するみたいな。だからみんな「ギャン期」って言えばいいと思ってます（笑）。

鈴木　そんなこと言ったら俺は20年もギャン期だよ（笑）。俺はクビにはなっていないけど、パンクラスで勝てなくなって必要とされなくなって引退まで考えたけど。「プロレスやりてえ」と思って、フリーのプロレスラーとして活動し始めたら、どんどん世界が広がっていったから。

ウナギ　みのる、ギャンの先輩じゃん！

鈴木　ギャンの先輩（笑）。意味わかんねえ〜。

――でも、ギャン期が始まったときは不安じゃなかったですか？

ウナギ　めちゃくちゃ不安だった！　もう「これからどうしよう？」「終わった」と思って。でもフリーになって必死に自分で動いたら、いつの間にか口座の残高がめっちゃ増えてたんですよ。「あれ、お金が増えてる！　なんだこれは？」みたいな（笑）。

鈴木　あるある。増えていくんだよな。

ウナギ　以前は会社に生活を保障していただいて生きていたんだなと。でもフリーはやればやるだけ入ってくる。みんなギャン期になればいいと思う。

鈴木　俺もこの世界で30何年間もやってきて、ぶっちゃけいまがいちばん稼いでる自信があるもん。

ウナギ　みのるはそれが継続できてるところがマジで凄い。だから、そういう人の話は聞きたいと思ったし、盗めるものはすべて盗もうという目でみのるのことを見てた。こういう人を超えないと、自分を確立することはできないなとも思ったし。

鈴木　そう思えるようになったら、もうプロレスは辞められないと思うよ。

ウナギ　いや、辞める。ウナはマジで寿退社しますよ。

鈴木　でも、そこの道に入っちゃったら、これはもうなかなか出られない。だってプロレスって、こんなおもしろいものはないもん。

ウナギ　フリーになったからには、いい意味で守らなきゃいけない人もいないから、全部が自分の責任じゃないですか？　ワンミス・ワン終了だと私は思ってて。だからこそ全ベットですべてを賭けられるし、失敗したら終わりなのはリスキーだけど、それが楽しいと思ってすべてを賭けてやってるつもりですね。

鈴木　フリーっていうのは毎回全ベットだよ。「コイツいらない」「使えない」と思われたら、そこで終わりだから。

ウナギ　だから私は「試合が組まれたから来ました」みたいな選手がめっちゃ嫌いなんですよ。先輩であろうと「死ね！」って思ってしまうぐらい（笑）。なんのドラマ性もストーリーもなく出勤して、ピピってタイムカードを切って、

「はい、試合しました。はい、退勤」みたいな人をプロレスラーと呼びたくない。

鈴木　でも、それが9割だね。

ウナギ　私はそういうのがいちばん嫌い。嫌いっていうか私の美学から反する。私はもうネチネチと因縁を作りたいタイプなんで。ウナギと関わったら一生終わらせないって思ってるんで（笑）。

鈴木　おまえさ、「一生終わらせない」って言いながら、さっきは「辞める、辞める」って言ってて、どっちなんだよ。あっ、わかった！　辞める辞める詐欺だな？（笑）。

ウナギ　いやでも、たぶん辞めるときは辞めると思うんですよ。スパンって。でも、それまでは全ベットし続ける。仮に辞めるときが来ても、「あのとき、あれをやっておけばよかったな……」みたいな後悔は絶対にしたくないから、今年はやりたいことがたくさんあるんですけど、全部やりたいし、死にそうになっても組まれるまで仕掛けたい。そして、みのるとシングルは絶対にやる！

鈴木　おー、やってやろうじゃねえか～！（笑）。

ウナギ　いつになるかわからないけど、すぐにやりたい。もしかしたら最初で最後になるかもしれないし、チャンスを逃したら二度とないかもしれない。みのるが猪木さんとやったのも最初で最後でしょ？　だから常に自分がおもしろいと思う人には仕掛けていきたいし、実現させていきたい。そして、それが実現できたら「次はこれをやりたい」と思えるものを自分のなかに常にあるようにしていたいし、逆に相手には「もう1回やりたい」と思ってもらえるようになりたい。

「フリーになって自分がやれることが増えたら、今度はやりたいことが増えていく。自分のあらゆる趣味嗜好や髪型まで変わるよ」

鈴木　ほら、ヤバい道に入ってるじゃん。もうプロレスを辞められないよ（笑）。

——そうですね（笑）。

ウナギ　いやいやいや。私は寿退社しますから。結婚してスパーンと辞めますから！（笑）。

鈴木　辞めても復帰するヤツ、いっぱいいるから大丈夫だよ（笑）。プロレスほどおもしろいものはないよ。俺もフリーになって自分の限界を作るのをやめたら、ホントに世界が広がったからさ。まさか俺が世界のいろんな国から呼ばれるようになるなんて、まったく思ってもいなかったもん。世界中に俺のファンがいるしさ。今日、ウチの店に最初に来たお客さんはクウェートから来たんだよ。

ウナギ　クウェート？　どこ？（笑）。

鈴木　中東だよ、中東！

ウナギ　中東？　あとでググっておく（笑）。

鈴木　フリーになって自分がやりたいことをやるだけじゃなく、やれることが増えたら、今度はやりたいことが増えていくんだよ。

ウナギ　やりたいことも変わっていきますからね。

鈴木　自分のあらゆる趣味嗜好や髪型まで変わるよ。

ウナギ　ねえ、やめて。同じ感じを出すのやめて（笑）。

鈴木　なんかね、俺がプロレスおもしれえって思い出した頃と同じ匂いがする（笑）。

ウナギ　いやー、ホントにやだ！　でもマジで去年一緒に仕事するまで鈴木みのるなんてめっちゃ遠い人だと思っていたし、こんな怖い顔したおっさんと一緒に試合をするなんて絶対にないと思ってた。でも、いつの間にか、ウナにとって鈴木みのるが重要人物になってるから不思議。

鈴木　俺もどっかの大会で一緒になったとき、ちょっと試合観てみるかって思っただけだったからね。

ウナギ　もう好きじゃん。頼んでないのに観てるのはもう好きなのよ、それ。みのるも「ひつま武士（ウナギ・サヤカファン）」になればいい（笑）。

鈴木　嫌だよ（笑）。

ウナギ　パイルドライバーにも特設コーナーを設けてね。ウナギ・サヤカのグッズを置きましょう。コラボ商品を作ります。

鈴木　それはちょっとおもしろいかもな。

ウナギ　やりたい！　やりたい！　それで、そのうち『俺のダチ。』の第2弾が出たときは『俺のギャン。』とかになってる（笑）。

鈴木　直訳すると「俺はクビ」ってことだろ（笑）。

ウナギ　そうそう（笑）。まあでも、クビなんかべつにマイナスな言葉じゃないんで。みんなが勝手にマイナスの表現だと思ってるだけでけっしてマイナスではなかった、クビなんていうのは。

鈴木　そうだね。可能性を広げるかどうかは自分次第だから。

ウナギ　むしろクビにくれてありがとうくらいの。だからみんな、ウナやみのるみたいにギャン期になればいい！

鈴木　一緒にすんな！（笑）。

ウナギ・サヤカ（UNAGI SAYAKA）

1989年9月2日生まれ、大阪府出身。プロレスラー。地元大阪や群馬でアイドルグループのメンバーとして活動後、東京女子プロレスに入団して2019年1月4日、対赤井沙希＆YUMI戦でデビュー（パートナーは上福ゆき、リングネームは「うなぎひまわり」）。2020年9月に東京女子を退団し、同年11月よりスターダムに参戦する。アーティスト・オブ・スターダム王座やフューチャー・オブ・スターダム王座戴冠するなど活躍するが、2022年12月29日が最後のスターダム出場となる（のちに解雇されたことを発表）。2023年よりフリーとして活動し、全日本プロレスやZERO1など男子の団体にも参戦するなど意欲的な活動をおこなっており、2024年1月6日、JTO新宿FACE大会で神姫楽ミサを下し、第2代JTO GIRLS王者となる。また1月7日には後楽園ホールで初の自主興行「ウナギ・サヤカ興行 supported by AJPW『殿はご乱心～1番金星～』」を開催して超満員札止めとなる観客を動員。アイアンマンヘビーメタル級王座も獲得して、Kitsune世界王座、JTO GIRLS王座と併せて三冠王となった。

鈴木みのる（すずき・みのる）
1968年6月17日生まれ、神奈川県横浜市出身。プロレスラー。高校時代、レスリングで国体2位の実績を積み1987年3月に新日本プロレスに入門。1988年6月23日、飯塚孝之戦でデビュー。その後、船木誠勝とともにUWFに移籍し、UWF解散後はプロフェッショナルレスリング藤原組を経て1993年に船木とともにパンクラスを旗揚げ。第2代キング・オブ・パンクラシストに君臨するなど活躍。2003年6月より古巣の新日本に参戦してプロレス復帰。以降プロレスリング・ノア、全日本などあらゆる団体で暴れまわる。2018年6月23・24日、横浜赤レンガ倉庫でデビュー30周年記念野外フェスティバル『大海賊祭』を開催し、大雨のなかでオカダ・カズチカと30分時間切れの激闘を繰り広げる。その後も新日本などの日本国内あらゆる団体で試合をおこなっているが、現在はさらにアメリカやヨーロッパなど海外でも活動をして各地で絶大な人気を誇っている。

兵庫慎司のプロレスとまったく関係なくはない話

第105回 「芸人バー」の謎

兵庫慎司

（ひょうご・しんじ）1968年生まれ、広島出身で東京在住、音楽などのライター。今回のこれを書いている途中で「じゃあ掟ポルシェ。がやっている『スナック掟ポルシェ。』みたいなケースはどう位置づけるんだ？」「新宿ゴールデン街でよくある、曜日ごとにマスターもしくはママが替わって、その人の友人知人たちが客として来るパターンはどう考えるんだ？」などと、次々と疑問が浮かんできたのですが、すべていったん棚に上げて書きました。なお「パンチラインZ」のオープン時、土田晃之や流れ星☆、マシンガンズ等から花が出ていたので、彼らの芸人仲間の誰かが「売れない芸人の働き口を作る」ために経営している可能性、高い。とも思います。

「芸人バー・パンチライン」の二号店が、いつの間にか、できていた。

一号店は、三軒茶屋駅を出て国道246を上馬方面へ向かい、栄通り商店街を左に曲がる角の二階（一階はラーメン屋）、つまり三茶駅エリアで言うと有限会社ペールワンズやHOLY SHITに近い側にある。ランチタイムは、同じ店舗が、かもめんたる槙尾ユウスケのカレー屋「マキオカリー」になる、という二毛作営業をしている。

で、昨年秋頃にオープンしたらしい二号店「パンチラインZ」は、246をはさんで一軒目と反対側、駅を出て茶沢通りを下北沢方面へ向かってすぐ右、ヤマダ手芸店の地下にある。本誌井上編集長と同じく、僕もこの界隈が生活圏なので、二軒とも頻繁に前を通るのだが。その度に思うのである。「芸人バー」って何？

いや、だから、読んで字のごとくでしょ。キャバクラならキャバ嬢、ホストクラブならホスト、メイドカフェならメイド、ガールズバーなら……あれ？ ガールズバーだとなんて呼ぶんだ？　あのカウンターの中の女の子たちのことを。まあいいや、とにかく、そういうのと同じように、芸人が酒の相手をしてくれるバー、っていうことでしょ。というのはわかるのだが、でも、キャバ嬢やホストやメイドやバー嬢（仮でそう呼ぶことにします）と比較すると、なんかフワッとしてない？ というか、はっきり言って、弱くない？　芸人って。

まず前提として、芸人バーに行けば会える芸人は、普通にテレビを観て得られる程度のお笑い知識しか持ち合わせていない僕のような者からすると、100％「全然知らない」人ばかりである。お店のインスタとフェイスブックに「本日はこのメンバーが待ってますよ！」と写真がアップされているが、連日、見事にひとりも知らない。

ちなみに、マキオカリーもXで同じことをしているのだが、槙尾ユウスケ本人と牧野ステテコが頻繁に出勤していて、そっちに行った方がむしろ「僕でも知っている芸人」に遭遇できる、という按配なのである。

いや、べつに有名人に会えるのを売りにしているわけではないんだってば。キャバ嬢やホストだって有名人じゃないでしょ？ でも一緒に飲むと楽しいから、安くないおカネを払って通うんじゃないか。あと「芸人バー」、キャバクラやホストクラブのように、高いわけではないだろうし。

でも、じゃあなぜキャバクラやホストクラブが高いのかというと、疑似恋愛要素があるからよね。それ、ないでしょ、芸人バーには。いや、ある人もいるかもしれないけど、その確率はかなり低いでしょ。それでも楽しい？　全然知らない芸人と飲んで。

いや、だからさ、そんなこと言うんだったら、実際に行った人の口コミとか見てみなさいよ。「楽しかった」って声がいっぱい上がってるじゃん。「話がおもしろい」とか「聞き上手」とか。中には「話に入ってほしい時はスッと入ってくれて、そうじゃない時は自然にほっといてくれる」とか、「まるで自分のトークがうまくなったかのような錯覚が味わえる」なんていう大絶賛まであるじゃないか。だから、楽しいんだってば、というか、楽しいと思う人が行くんだってば。それにいちゃもんつけることないでしょ、あんたみたいな部外者が。黙ってスルーしてなさいよ。

いや。そこだ。僕が黙らないのは、まさにそのあたりが疑問なのである。そもそも芸人＝「一緒に飲むと楽しい」なの？　一緒に飲むと楽しくなきゃいけない職業なの？

おもしろいネタを作って、人前でパフォーマンスして笑いを取れる。しゃべりが立つ。テレビ番組で己の役割に応じてうまく立ち回れる。などの、芸人の能力とされることって、一見「一緒に飲むと楽しい」と近いところにあるように見えるけど、実は全然別物じゃない？　と、僕は思うのである。

たとえば、自分がおもしろいと思う芸人が芸人バーのカウンターにいて、酒の相手をしてくれたら？　そこに空気階段水川かたまりが、ザ・マミィ林田が、かが屋加賀がいたら……ね？　帰りたくなるでしょ？

それはおまえの芸人の好みが暗いタイプばっかりだからだろ。いや、僕だって「酒の相手をしてくれたら楽しそうな芸人」も思いつくけど、でもそれは「芸人だから」じゃなくて、「その人だから」じゃないですか。芸人バーに出ている芸人さんたちも同じくで、「芸人だから」じゃなくて、「その人だから」楽しいわけであってですね。

疑似恋愛を売りにできるジャンルではない、でも「おもしろい店員が相手をしてくれる」だと弱すぎる、だから「芸人」というファクターを入れたい。というのはわかる。わかるがつまり、芸人に限らず「キャバ嬢」「ホスト」「メイド」「バー嬢」のような「一緒に飲む専門職」以外の職種を「飲む相手」として売りにすること自体に、そもそも無理があるのではないか。という問題提起をしたいのである、僕は。

つまり「芸人バー」って、「消防士バー」とか「地方公務員バー」などと、本来的には同じなのではないか、という……あ、待てよ。「刑事バー」があったら、それはちょっと行ってみたいかも。「弁護士バー」もいいな。あと前にテレビで、四谷荒木町の「坊主バー」が紹介されているのを観たことがあるが、「なるほど、相談に乗るの得意そうだし、ありがたい話もしてくれそう」と思ったわ、そういえば。うーん。

以上のような私のモヤモヤをいくばくかでも解消するために、「格闘誌ライター兼編集者バー」を開く、という実験をしてみるのはいかがでしょうか、井上編集長。HOLY SHITという店舗もあるわけだし。

H E N T A I Z A D A N K A I

玉袋筋太郎の変態座談会

TAMABUKURO SUJITARO

木原文人

“全日本プロレスの生き字引”

FUMIHITO KIHARA

“タイガー木原”や“木原オヤジ”の愛称で親しまれているプロレス業界の人気者が40年近く支えてきた全日本プロレス退社！この男の偉大なる功績を讃えまくろう!!

収録日：2024年2月10日　撮影：タイコウクニヨシ　写真：山内猛　構成：堀江ガンツ

［変態座談会出席者プロフィール］

玉袋筋太郎（1967年・東京都出身の56歳／お笑い芸人／全日本スナック連盟会長）

椎名基樹（1968年・静岡県出身の55歳／構成作家／本誌でコラム連載中）

堀江ガンツ（1973年・栃木県出身の50歳／プロレス・格闘技ライター／変態座談会主宰者）

［スペシャルゲスト］木原文人（きはら・ふみひと）

1966年5月20日生まれ、三重県伊勢市出身。元・全日本プロレスリングアナウンサー。高校生の頃から全日本プロレスにアルバイトで出入りして、リング設営やグッズ販売などを手伝うようになる。1987年に全日本プロレスに正式入社。1989年10月9日、千葉県木更津倉形スポーツ会館大会でリングアナウンサーデビュー。リングアナウンサーのほかにも、東京工芸大学在籍中に培った撮影技術を駆使してカメラマン、広報、営業、通訳、音響、照明など、あらゆる裏方として大活躍し、同団体を支える。プロレスラーとしてもKAIENTAI-DOJOや『ガンバレ☆プロレス』のリングにも上がっており、「やっていないのはレフェリーくらい」という。またプロレステーマ曲コレクターであり、「使用音源がない場合は木原に頼めば手に入る」と言われている。全日本プロレスの興行において、すべての試合の勝利後にテーマ曲を流す習慣を始めたり、2000年の全日本分裂の際、天龍源一郎を全日本に戻すよう馬場元子氏に進言したりもした。ジャイアント馬場夫妻の信望を受け、30年以上全日本プロレスを支え続けてきたが、2023年12月31日付けで全日本プロレスを退社した。

GoD's Eye
God's Eye
God's Eye
GoD's Eye
GOD'S EYE

「日本のプロレス界で、パンフレット以外のグッズを本格的に売り出したのは元子さんが最初だと思います」（木原）

ガンツ　玉さん！　今回はジャイアント馬場夫妻や全日本プロレスの生き証人である、〝木原オヤジ〟こと木原文人リングアナウンサーに来ていただきました！

玉袋　うれしいねえ。俺たち変態はレジェンドレスラーに惹かれるのはもちろんなんだけど、年を追うごとにプロレス興行の裏方さんにもなぜか惹かれちゃうんだよ。根っからのGスピリッツ体質というかさ。

椎名　Gスピ体質（笑）。

玉袋　「なんでそこまで読む必要があるんだ!?」って自分でも思うんだけど、そこがいちばんおもしれえんだから。というわけで木原さん、よろしくお願いします！

木原　よろしくお願いします。呼んでいただいてうれしいですね。ガンツさんもいいTシャツを着られているし。

ガンツ　今日はゲストが木原さんということで、ジャイアントサービス製の初代・ジャイアント馬場Tシャツをタンスから出してきました（笑）。

木原　このTシャツはジャイアントサービスの最初の商品なんで会社では「一番」と呼ばれてたんですよ。

玉袋　「一番」はハルク・ホーガンじゃなくて馬場さんだったんだな（笑）。

木原　我々の現場では通称「GB」でした。

玉袋　GKじゃなくてGBがいたんだな（笑）。ここはひとつ、木原さんにジャイアントサービスの話からしていただきたい！

木原　ジャイアントサービスって（馬場）元子さんが始めた会社なんですけど、元子さんは馬場さんと一緒に若い頃からアメリカじゅうをまわってきているじゃないですか。

ガンツ　全日本ができる前、60年代の日本プロレス時代からそうなんですよね。

木原　当時から本場のプロレスだけじゃなく、いろんなエンターテインメントを見てきたはずなんですよ。だから日本のプロレス界で、プログラム（パンフレット）以外のグッズを本格的に売り出したのは元子さんが最初だと思います。

椎名　会場グッズの原点なんですね。

玉袋　ミスター珍さんが自分で作って国際プロレスの会場の売ってたのとはまた違うね。

木原　なんか元子さんって、表だとキツい人だとか威張ってるとかっていうイメージじゃないですか？

椎名　女帝のイメージがあります。

木原　全然そうじゃなくて、率先して自ら現場で働いていた人なんですよ。ボクが全日本に入ってちょっとした頃、80年代後半にグッズが凄く売れるようになって。若いファンが増えて、ジャイアントサービスのTシャツは2000円と安かったから、買いやすかったんでしょうね。
ガンツ　あの当時でも2000円はかなり安くて、高校生でも気軽に買えました。
木原　だからボクとか仲田龍さんが、たとえば天龍同盟のレボリューションTシャツを黒で出しましょうって言ったら、やっぱりちょっと元子さんに怒られましたけどね。元子さんは定価2000円にこだわっていて、ボディを黒にすると原価が高くなるんで。
椎名　マジで!?　そんなに違うんですか？
木原　ボディの値段だけじゃなく、印刷代も高くなるんですよ。だから、たしか黒のレボリューションTシャツだけは3000円になったのかな。それでも売れたからよかったんですけどね。
玉袋　プロレスの黒Tシャツっていうと、nWoよりジャイアントサービスのほうが早かったってことだな。
木原　そして全日本プロレスの会場グッズ売り場っていうのは、ボクらリング屋さんが売っていたんで、シリーズ終了後に売り上げの10パーセントをリング屋さんに渡してくれたんです。いま流行りのキックバックですよ。
玉袋　いやいや、それは正当な報酬ですから（笑）。
木原　その収入はありがたかったですよ。シリーズ20試合とかまわってきたら、売り上げもそこそこあるじゃないですか？　凄くいいお小遣いになりましたから。
椎名　リング屋さんがジャイアントサービスのグッズ販売員も兼ねていたんですね。

「元子さんみたいなセレブがそういうテキヤ的な商売をしているところが、興行を感じていいんだよな～」（玉袋）

木原　だから当時、ボクらリング屋はトラックでいちばん早く会場に入って、リングを作ったあとにお弁当を食べたりして、それから売店作りが始まるんですよ。Tシャツとかは並べるだけでいいんですけど、仕込みが大変なのもあるんです。当時だとポスターとか。
玉袋　そのシリーズのポスターですか？
木原　いえ、たとえばキッド&スミスとか、スタン・ハンセン、ジャンボ鶴田さんのプログラム用にスタジオで撮った写真をポスターにして、500円で売っていたんですよ。
ガンツ　キッド&スミスやロード・ウォリアーズのポスターを買った憶えがあります（笑）。
木原　500円だと小銭が増えるから、途中で2枚組1000円のポスターを売り出したりして。でも、そのポスターっていうのはダンボール箱のなかに平たく入れてあるん

で、それを丸める作業があるんですよ。ポスターは安いからけっこう売れるんで大量に作らなきゃいけなくて、それをボクと海野レフェリーで手分けしてやったりして。ジャイアントサービスはマニファクチュア、工場制手工業でしたね。

玉袋　ジャイアントサービスはマニュファクチュアって初めて聞いたよ（笑）。

椎名　ジャイアントサービスの売り上げは選手にもいくんですか？

木原　ちゃんといきます。売り上げの10パーセントなんで。

椎名　いちばん売れた選手はいちばんもらえるんですか？

木原　もちろんそうです。

椎名　じゃあ、誰のグッズが売れたとかわかるようになっているんですか。

木原　Tシャツの袋に紙が入っていて、売るときにそれを回収するんですよ。そうすると、誰のTシャツが何枚売れたかがわかって、外国人なんかだと、そのお金もシリーズ最終戦に渡してましたね。

玉袋　それはレスラーにとってはうれしいね。

椎名　でも川田（利明）さんとかは「新日本に比べてグッズ収入が少なかった」みたいなことを言ってましたよね。

木原　新日本さんはライセンスを流して、いろんな会社からグッズが出ていましたからね。元子さんの場合、あくまで手売り収入だったから。

玉袋　元子さんみたいなセレブがそういうテキヤ的な商売をしているところが、興行を感じていいんだよな〜。

木原　でも考えると、川田さんとかはいちばんTシャツが売れていたと思うんで、そのあがりに関してはよかったと思うんですけどね。

玉袋　木原さんが全日本に入るきっかけっていうのは、リング屋さんなんですか？

木原　ボクは高校生のときから、地元に全日本プロレスが来るとリング屋さんを手伝っていて、ロード・ウォリアーズvs長州力&キラー・カーンのときのコーナーマットはボクがつけたんですよ。

玉袋　ワハハハハ！

ガンツ　キラー・カーンさんが、アニマル・ウォリアーにリフトアップされたときですね（笑）。

木原　あの青コーナーはボクがつけたんです。高校生のときに何回か手伝いに行ったら、千明さんっていうリング屋の先輩が「おまえ、コーナーつけてみろ」って教えてくれたんですよ。

玉袋　リング屋さんがリングを作る過程でも、コーナーをつけるっていうのはやっぱりいい仕事なんですか？

木原　最初は板も運ばせてくれないんですよ。そのへんに置いてある外したコーナーマットとか垂れ幕とか、いろんなものを「兄ちゃん、あれトラックに運んでって」って。そっから始まります。

玉袋　和田京平さんも、そういうところから全日本に入ったんですか？

木原　京平さんは、運送屋さんに入ったらたまたまプロレス興行の担当になって、そのままリング屋さんになった人で。ファンからなった第1号は仲田龍さんですよ。

玉袋　仲田龍さんがファンあがりの元祖か〜。

木原　仲田龍さんは、後楽園ホールとかの興行が終わっても、毎回帰らずにリングを片づけるのをずっと見ていたお客で、それで声をかけられたって言ってました。

「いまだから言いますけど、内緒で『週刊ゴング』さんで執筆もしていました（笑）。全日本はスタッフが表に出るのは駄目だったので」（木原）

玉袋　リング屋さんっていうのは、全日本の社員になるんですか？

木原　全日本っていうのは会社が3つに分かれていたんですよ。まず、本体の興行会社である全日本プロレス株式会社。それからグッズ制作販売で元子さんが社長のジャイアントサービス。あとB&Jっていう会社があって、リング屋さんはそこの社員なんです。

玉袋　B&Jはサムソン・クツワダ選手が新団体を作って鶴田さんを引き抜こうとしたから、鶴田さんを囲うために作ったと言われる会社ですね（笑）。

椎名　何をやっていた会社なのかと思ったら、リング屋さんだったんですね（笑）。

玉袋　じゃあ、和田京平さんもB&Jだったんですか？

木原　B&Jです。和田京平さんも仲田龍さんもB&J。福田明彦さんもB&J。

ガンツ　じゃあ、リングアナとかレフェリーとかリング屋を兼ねて、みんなB&Jだったんですね。

木原　でも、会社は分かれていても、やっていることはみんな一緒なんですよ。B&Jだからこうだとか、全日本だからこうだとかはなくて、ボクらは会場のイスに席番をつけたりもするし、営業の手伝いをすることもあったりするんで。

ガンツ　それぐらい裏方は何でも屋だったということですよね。特に木原さんはいろいろやられていて。

木原　それには理由があるんですよ。試合会場にはボクらリング屋が最初に入ってリングを作るんですけど、馬場さんもほかの選手より先に会場入りすることが多いんですよ。それで馬場さんが「京平、今日はどうや？」みたいな感じで聞く

と、京平さんが「今度入ったアイツ、絵が上手いんですよ」とか「英語がしゃべれますよ」って、馬場さんに報告するんですけど、それって全部ボクのことなんですよ。それでボクにいろんな仕事が来て。

ガンツ ジャイアントサービスのバスタオルのイラストとかは木原さんが描いてたんですよね?

椎名 そうなんだ! 俺、あれはずっと持ってましたよ。

木原 Tシャツとかはもちろん、プロのイラストレーターが描かれているものも多いんですけど、ボクがおもに描いていたのは、全日本がお歳暮やお中元で送るバスタオルだったんです。お中元用なら選手全員が夏の海で遊んでいる絵だったり、冬のお歳暮ならスキーしている絵なんかをボクが描いて。それで描いて元子さんに見せると、「三沢(光晴)くんと小橋(建太)くんの顔の比率が違う」とかチェックが入るんですけどね。

椎名 元子チェックを通過したものだけが世に出ると(笑)。

木原 ボクは東京工芸大学に行っていたので、写真も撮れるんですよ。それで年末にファンも参加できるハワイツアーがあったんですけど、元子さんに「あなた、選手の写真をいっぱい撮っておきなさい」って言われて、海をバックにしたり、ハワイでの選手の写真をたくさん撮って、その生写真を会場売店で売っていたこともありましたね。

玉袋 生写真ってオフィシャルで売るもんなんだ(笑)。

木原 昔は会場外に違法の生写真を売ってた人がいっぱいいたじゃないですか? 元子さんもそういう人がいるのは知っていて、それで思いついたんですよ。「自分たちが会場内で売ればいいんだ」って。

玉袋 リング屋さんが写真を撮って生写真を売って、そして試合が始まったらリングアナウンサーをやってるっていうのがおもしろいよ。

木原 いまだから言っちゃいますけど、『週刊ゴング』さんで執筆もしていましたから(笑)。これは内緒だったんですけど。

玉袋 闇営業(笑)。

椎名 それは全日本の試合リポートを書いていたんですか?

木原 書いていましたね。

玉袋 まあ、至近距離から毎日観ているわけですからね。署名はなかったんですか?

木原 署名はなしで。

ガンツ 『ゴング』自体が署名記事じゃなかったんですよね。

木原 新日本だったら、田中ケロさんが「ケロちゃんの旅日記」みたいに、自分の名前を出して書かれていましたけど、ボクは本当に隠密行動でした。全日本は「スタッフは表に出るな」「名前を出すな」っていうイメージが強かったじゃないですか？　新日本さんだと営業部長だとか企画の方だとか、どんどん名前が出たのに。

玉袋　新間寿、大塚直樹、永島勝司とかね。

椎名　みんな本まで出していますからね（笑）。

木原　でも全日本はそういうことはいっさい駄目だったんです。

『あぶない刑事』チームと野球して、黄色い声援が柴田恭兵に集中したから馬場さんが『こっちだって京平もいれば正平もいるんだ』って（笑）」（ガンツ）

玉袋　それはもう馬場さんと元子さんの方針なんですよね？

木原　そうですね。その代わり凄く愛情は注いでくれていたと思います。

玉袋　馬場さんや元子さんというと、俺たちはシブチンだとか女帝だとか、元全日本の選手なんかから聞いたイメージだとそう思っちゃっていたんですけど。今日はそれが一気に氷解しましたよ。

木原　給料の額云々は人によって価値が違うのでわからないですけど、本当によくしてもらったと思いますよ。

玉袋　そういう証言も大事ですよね。語れる人も少なくなってるから。馬場さんとはどうだったんですか？

木原　馬場さんにもよくしていただきましたよ。ボクらリング屋さんには、ちょっとしたオアシスな時間があるんですよ。午後1時前からリングを作り始めて、2時過ぎに終わる。そして選手が会場入りするのがだいたい4時。そのあいだにやることは売店の仕込みとかがなければご飯を食べるだけなんで、空いた時間で自分たちで作ったリングを使って高度なプロレスごっこが始まるんですよ。

玉袋　それは学生プロレスよりよっぽど高度ですよ。毎日、本職のプロレスラーの練習方法や試合を観ているわけですもんね。

木原　よくやっていたのが、仲田龍さんとボクと西永秀一レフェリーと福田明彦レフェリー。その4人でタッグマッチを組んで、京平さんがレフェリーをやるんですよ。

玉袋　そりゃあ贅沢な遊びですね。本物の全日本のリングで、本物のレフェリーで。

木原　神聖なリングでプロレスごっこというのは本来不謹慎ですけど、誰も見ていないのをいいことに楽しく遊んでたんですよ。そうしたらある日、馬場さんがいつの間にか会場入りしていて、2階席からずっと観ていたんです。

玉袋　やべえ～！（笑）。

木原　すぐにプロレスごっこをやめて、リングの上を掃いたりし始めたんですけど、馬場さんが「なんでやめるんや！」って言って1階に降りてきちゃって。「おまえたち、こんなこと誰に教わったんや？　もう1回やってみろ」って

GOD'sEye
GOD'S EYE

言われたんですよ。

椎名　馬場さんが見ても納得の動きだったんですね（笑）。

木原　ほかの人はどうだったか知りませんけど、ボクはそのあと、売店で褒められましたね。

玉袋　「ナイスファイト！」って（笑）。

木原　「おまえ、なかなかやるな」って。ボクは「オヤジ」っていうあだ名で呼ばれていたんですけど、「オヤジ！　身長いくつだ？」って言われて「165～166です」って言ったら、「おまえがあと20センチ背が高かったらなぁ、チャンピオンになれたかもしれないな」って。

椎名　20センチはなかなか伸びないですけどね（笑）。

木原　ボクはやられるほうが多かったんですよ。馬場さんはやられるほうしか見ないので。

玉袋　全日だからね。受けの上手さ＝プロレスの上手さってことなんだな。

木原　あと馬場さんはやっぱり野球へのこだわりが強かったんですね。

玉袋　元・巨人軍のピッチャーですもんね。

木原　昔、日本テレビさんで番組対抗の野球大会を東京ドームでやったことがあって、選手たちに混じってボクも出たことがあるんですよ。あのとき、馬場さんは顔見せじゃなくて本気で勝ちに行って、選手たちに実際に野球をやらせて、上手いヤツを自分で選んだんです。

椎名　ジャイアント馬場選抜チーム（笑）。

木原　ジョー・ディートンが学生時代に野球部にいたってことで、ディートンをエースにして。

玉袋　ジョー・ディートン、なつかしいな（笑）。

ガンツ　ディートンってプロレスでは思いっきり中堅ですけど、野球大会だとエースだったんですね（笑）。

木原　だから番組に出るっていうより、本気で勝負に出たんですよ。まあ、結局負けましたけどね。

玉袋　相手はどこチームだったんですか？

木原　たしか『あぶない刑事』だったかな？

ガンツ　ああ、その野球大会、当時週プロで記事になっていたの思い出しました。柴田恭兵の人気がもの凄かった頃で、試合でも黄色い声援が柴田恭兵に集中したことに対して、馬場さんが「こっちだって（和田）京平もいれば、（馬場）正平もいるんだ」って言っていたという（笑）。

椎名　そんなことを憶えてるおまえが変態すぎるよ！（笑）。

「寛水流空手にいた人が全日本に入ったっていう事実が衝撃だな。ってことは後藤達俊さんとは面識があったんですか？」（玉袋）

玉袋　たけし軍団もドームで野球大会やったことがあるよ。

じゃあ、全日本のレスラーが東京ドームで試合したのは、プロレスより野球が先だったってことだな（笑）。

木原　そうですね。そのあと1990年4月13日にWWF、全日本、新日本の3団体でやった『日米レスリングサミット』がプロレスでは最初でしたね。

ガンツ　話は変わりますけど、木原さんって馬場夫妻と近い関係のイメージが強いですけど、じつは寛水流空手出身なんですよね？

玉袋　えーっ、そうなんですか？

木原　ボクらの世代って、空手やキックボクシングも好きな年代じゃないですか。もちろん極真会館が好きだったんですけど、自分は三重県に住んでいて近くに極真の道場がなくて。でも水谷征夫先生の寛水流は本部が愛知県で、三重県の伊勢にも道場があったんです。

椎名　そんな大きかったんだ、寛水流って。

木原　でもボクが入ったときはどこかの施設を借りて、毎週何曜日か決まった日に指導がある感じで。ボクが行っていた道場の先輩が、ヒクソン・グレイシーを日本に呼んだ中村頼永さんなんです。

玉袋　ええ～っ！　そうなんですか！

椎名　ジークンドーの前は寛水流なんですね。

玉袋　寛水流といえば、後藤達俊さんとは面識があったんですか？

木原　後藤さんは愛知の本部道場だったので、しゃべったことはないんですけど、ボクが高校時代に初めて寛水流の夏合宿に参加したとき、身体が大きくて弁当を3つも4つも食べている人がいて、「あの人、何者なんだ？」と思っていたら、舞台上から「今日ここで練習している後藤くんが猪木さんの新日本プロレスに入るんだ。みんな応援してやってくれ」って紹介されたのを憶えていますね。「この人、新弟子になるんだ」って。

玉袋　壮行会だね。がんばって行ってこいと。

木原　プロレス界に入ってからも後藤さんとはしゃべる機会はなかったんですけど、そこにはいましたね。

玉袋　寛水流って聞くと、とにかく物騒な人が集まっているっていうイメージしかないんですけど。

木原　でも凄くよくしてもらいましたよ。

玉袋　フルコンタクトだったんですか？

木原　そうですね。昇段は顔面を狙われたんですけど、ボクはそこまで行ってないんで。

椎名　顔面まであるんですか？

木原　たぶん、雑誌の取材が来たからだと思うんですけど。極真会館との違いを見せるっていったら、顔面を殴るしかないんじゃないですか？

玉袋　極真よりすげえところ見せなきゃいけねえって（笑）。

木原　そういうのもあって、「ヤバいな、これ」と思って昇段には躊躇しましたね（笑）。

玉袋　だけど寛水流って、猪木寛至の「寛」と水谷会長の「水」とで寛水流で、その後、猪木監禁事件にまでつながったじゃないですか？　そこにいた人が全日本に入ってるっていう事実が衝撃でしたね。

木原　田舎に住んでると、自分が憧れている世界に関われる機会って限られているんですよ。だから極真がなかったから寛水流に入ったし、全日本に入ったのもべつに入社試験があったわけじゃなく、リング屋さんを手伝っているうちに仕事を覚えちゃって、そのまま続けた感じですからね。

椎名　全日本ってそういうスタッフが多い印象があります。

玉袋　リングを運ぶトラックも運転していたんですか？

木原　学生のときは免許は持っていても責任があるので運転はしませんでしたけど、正式に入ってからはトラックも運転していましたよ。４ｔまで普通免許でできたんで、４ｔ車でしたね。

玉袋　試合が終わったあと、選手はホテルに泊まってもリング屋さんはそのままハネ発ちで深夜に移動とかもあって大変だったんじゃないですか？

木原　大変でしたね。いまと違ってナビがないので、ボクらは常に地図を見てましたよ。それプラス高速道路も少なかった。

玉袋　下道で長距離移動か～。

木原　ＥＴＣなんかないからすべて現金払い。だから会計も大変ですよ。当時、百田光雄さんが全員の経費を預かっていたので、リング屋さんはまず10万円を仮払いでもらって、それで高速代、ガソリン代、ホテル代を払わなきゃいけないんです。クレジットカードも普及していなかったですからね。

「馬場さんの生涯最後の試合はボクがリングアナだったんですけど、最後のコールは仲田龍さんにやってもらいたかったという思いはあります」（木原）

玉袋　40年前だもんな。

ガンツ　百田光雄さんって、現役レスラー兼、会社ではそういうポジションだったんですね。

木原　その前は原軍治さん（リングアナウンサー）だったんですけどね。それで外国人係はずっとジョー樋口さんだったんですけど、英語ができるってことで途中からボクがやることになったんですよ。ジョーさんが「兄ちゃん、おまえ、ひとりでできるか？　ユー、やんなよ」って。

玉袋　ジョーさんの言葉、聞いたことがねえよ。生霊が降りてきたよ（笑）。

木原　いまは外国人レスラーもみんなパスポートを持ち歩い

ていますけど、昔はシリーズ中に失くすと怖いので、ボクがパスポートを預かっていたんですよ。
椎名　そうなんですか？
玉袋　正体不明のレスラーも、すべて木原さんがパスポートを握ってるっていうね（笑）。
木原　だからシリーズ開幕の前日とかにまず成田空港まで迎えに行って、来日した外国人からパスポートを預かって、まず当面の現金として200ドル分の日本円を渡すんですよ。もちろんギャラから天引きですけど。そして「足りなくなったら、リキ・モモタに言えば貸してくれるよ」って言ってね。
ガンツ　百田さんって、リキ・モモタって呼ばれていたんですね（笑）。
玉袋　力道山ジュニアだもんな。
木原　それで外国人が揃ったら、元子さんに電話するんですよ。「外国人が全員来たので、これから銀座の東急に向かいます」って。それで新春ジャイアントシリーズは1月2日の後楽園で開幕だから、元日に外国人がみんな来るんですよ。それで銀座東急まで送り届けたあと、馬場さんのご自宅に新年のご挨拶に行くと、「はいはい、おめでとう」ってお年玉をくれるんです。
玉袋　お年玉がもらえるっていうのがいいね。
木原　ちゃんと馬場さんのサインが入ったお年玉袋なんです

よ。でも最後の１９９９年の元日に元子さんから渡されたお年玉袋は馬場さんの字じゃなかったんですよ。

ガンツ　その年に亡くなられたんですもんね。

木原　あのときも例年同様、1月1日に外国人を迎えに行ったあと、太陽ケアを連れて馬場さんのご自宅にうかがったんです。それで「社長に会えますか？」って元子さんに言ったら、「馬場さんは寝てるから。はい」ってお年玉袋をくれたんですけど、その「馬場」っていう文字が元子さんの字だったんですよ。たぶん最後の正月だからって、馬場さんは病院を出て家に帰られていたんですよね。その30日後に亡くなられたので。

玉袋　東京医大ですよね？

木原　そうです。その前の年になっちゃうんですけど、馬場さんが最後の試合にひとつ悔いがあるんですけど。

ガンツ　馬場さんの最後の試合は、１９９８年『最強タッグ』のシリーズ最終戦、日本武道館なんですよね。

木原　12月6日でしたね。これが生涯最後の試合になるなんて、馬場さん本人を含めて誰も思っていなかった。だからその試合、ボクがリングアナだったんですけど、仲田龍さんにやってもらいたかったなって。馬場さんの最後の試合だから、そのあと最後のコールを受ける映像がいろんな機会で使われましたけど、ボクの声なんですよね。でも馬場さんを深く愛していた先輩の龍さんに最後のコールはやってもらいたかったという思いはあります。それで『最強タッグ』が終わると、その翌日か翌々日、馬場さんと元子さんはかならずハワイに行くので、馬場さんは京平さんが送って、元子さんを送って行くのはいつもボクだったんですよ。

玉袋　毎年、年末はハワイで過ごしていたんだな。

木原　その年はハワイに行く前にカナダでおこなわれるＷＷＥのＰＰＶに行って、ビンス・マクマホンさんと会う予定だったんですよ。翌年5月1日に東京ドーム大会が決まっていたんで、その話をする予定で。

椎名　全日本とＷＷＥの交流があるはずだったんですね。

木原　それでその年もいつも通りに元子さんを迎えに行ったんですよ。あのご夫妻は、引っ越しぐらいの荷物を持ってハワイに行って、引っ越し以上の荷物を持って帰ってくるような感じだったので、玄関に大きなカバンが3つくらいあって、それをクルマに積もうとしたら、元子さんが「持って行かなくていい」って言うんですよ。それで「成田に行かないで新宿に行ってくれる？」って言われたんで「新宿に寄ったら飛行機に間に合わないですよ」って言ったら、「いいから行って。東京医大まで」って。

「元子さんの前で天龍さんの名前を出すのはタブーだったんですけど言ってしまったんですよ。『天龍さんを戻したらどうですか？』って」（木原）

ガンツ 『最強タッグ』が終わってすぐに馬場さんは入院していたんですね。

木原 入院とも言わなかったんですけど、「社長は病院にいるから」って言われたんで、とりあえず東京医大まで行って。それで病室に行ったらもう入院されていて、パジャマ姿だったんです。その姿を見たとき「あれ？　行かないんだ」とあらためて思ったんです。だってハワイはともかく、カナダは大切な会談が予定されていたわけじゃないですか。

玉袋 ビンスのアポを取っているわけですもんね。

木原 それで馬場さんは「おお、すまん、すまん。とりあえず今日は行かないからな」みたいな感じで。で、三沢さんに連絡して、次の日にボクと三沢さんで病院に行ったんですよ。そうしたらやっぱり社長はパジャマで「おまえたち、もう来なくていいからな」って言われて。それがボクが馬場さんとお会いできた最後でしたね。三沢さんも最後だったと思います。社長自ら「おまえら、来なくていい」って言われたんで。

玉袋 じゃあ、病状とかは誰も知らなかったんですか？

木原 元子さん以外は、京平さんとか仲田龍さんとか、本当の側近だけですね。あとはご親族の方と。馬場さんが亡くなったのは1999年1月31日、午後4時4分ですけど、ボクもしばらく知りませんでしたから。自分のなかでいまでも「馬場さんウィーク」っていうのがあって、1月23日が馬場さんの誕生日で31日が亡くなった日なので、その1週間って聖なる馬場さんウィークという思いがあるんです。馬場さんに思いを馳せる7日間ですね。亡くなる前、1月23日のお誕生日をどのような状態で迎えられたのか、想像もできないですけど。

玉袋 貴重な話すぎますね。

ガンツ その1年半後、全日本は選手の大量離脱に見舞われ、スタッフもノアに行く人と全日本に残る人に分かれましたけど、木原さんはノアに行こうとは思わなかったんですか？

木原 元子さんは女性ですけど、ボクはその男気みたいなものに惚れた部分があったんですよね。だから小橋さんから誘っていただいた時期もあったんですけど、「ボクは残ります」って言っていたんです。仮に全日本に残るのがほんの数人になったとしても、ダメだったらダメでしょうがないと思って。馬場さんや元子さんには凄く恩を感じていたので、裏切ることはできなかったですね。それである日、元子さんに社長室に呼ばれて、「オヤジ、どうするのあなた？」って言われたときに「自分は残ります」って言ったら、「ああ、そう。オヤジ、どうなってもあなたと私はお天道さまを向いて、街をまっすぐ歩けるのよ」って言われてんです。

玉袋　ほお〜。

木原　「三沢くんと一緒に出て行った子たちは、仮に街で私たちとすれ違ったら絶対に隠れるのよ。でも私たちは真ん中を歩けるの」って言われて。

玉袋　ど真ん中を歩けると。

木原　いま考えると深い言葉だなと思って。それで元子さんに「ケアがどうするか聞いてちょうだい」って言われて、すぐにハワイに電話して。「おまえ、どうするんだ？」って聞いたら「オフコース、残る」と答えてくれたので、「元子さん、残るって言っています」って言ったら、元子さんが泣き出しましたね。

ガンツ　そこから木原さんは、元子・全日本でいろんな仕事をワンオペでやることになるわけですよね。

木原　まあ、業界で顔は広かったので、他団体やフリー選手のブッキングから何からいろいろやりましたね。天龍（源一郎）さんを戻したりだとか。

玉袋　天龍さんを全日本に戻したのは木原さんなんですか？

木原　もちろん直接動いたのは元子さんですけどね。三沢さんたちが抜けたあと、残った数人の社員で「これからどうしたらいいか」という話をしていたとき、「天龍さんが戻ってきたら凄いよね」という話をしていたんです。その後、元子さんを含めた残った人たちで今後のことを話し合ったんですけど、SWSに行って以降、元子さんの前で天龍さんの名前を出すのはタブーで、言えば絶対に怒られるっていうイメージがあったんですけど、ボクが言ってしまったんですよ。「元子さん、天龍さんを戻したらどうですか？」って。そうしたら「馬場さんの前でよくその名前を出せたわね、あんた！」って。もう「勝手にしなさい！」状態で。

玉袋　ええええっ!?

木原　それで元子さんは怒って出て行ってしまって、1時間くらい帰ってこなかったんですよ。そのあいだ絶対にどこかに電話していたんだと思います。いろいろ聞いた話だと、どうやら『ゴング』の竹内宏介さんに電話して、天龍さんを戻す話をし始めていたようなんですよ。それで竹内さんに言われた小佐野（景浩）さんが、天龍さんに現在の気持ちを聞いたみたいで。

椎名　元子さんは怒りながらも、全日本を残すためにすぐに動いたんですね。

「昔のプロレスを観ていて、試合前のリング上に花束嬢がいるとドキドキしますよね。『襲われるぞ！』って（笑）」（椎名）

玉袋　まず竹内さんに連絡して、そこから小佐野さんが天龍さんに探りを入れるってところがいいよな。

木原　その後、京平さんが元子さんに「京平、ちょっと出かけよう」って言われて、行き先を告げずに連れて行かれたところが、天龍さんのお寿司屋さんだったんです。

玉袋　着いた先が『鮨処しま田』だったんだ。

木原　その後、天龍さんが全日本の後楽園に来ることは、本当に限られた人にしか知らされなくて。ボクも元子さんから「後楽園で〝あの人〟の曲を用意しておいてね」って、それだけだったんですよ。それも言い方がカッコいいじゃないですか？　たとえば「オヤジ、天龍が来るから曲を用意しておいてね」じゃないんですよ。

玉袋　木原さんが天龍さんの名前を口に出したときは怒ったのに、さらりと「あの人の曲を用意しておいてね」って、皆まで言わなくてもわかるってことですよね。

木原　そういう一言が本当に男らしいというか、惚れるんですよ。しかも、その時点では絶対にシークレットですけど、「あんた、これは誰にも言うんじゃないよ」とか言わずに、ボクを信じてくれているんですよ。それで7月の後楽園を迎えて、天龍さんはギリギリまで1階の駐車場で隠れていたんです。それで元子さんがリングに上がって謝罪の挨拶をして、天龍さんを紹介して『サンダーストーム』がバーンとかかったら会場が大爆発。マスコミにも知らされていなかったんで、記者の人たちも走り回っていましたよ。

玉袋　あの天龍さんの全日本復帰のサプライズは最高だよ。

木原　それで天龍さんが入場して、川田さん、渕（正信）さん、太陽ケアと握手して。最後に天龍さんは手を自分のスーツで拭ってから、元子さんと両手で握手をしたんですよ。そしてマイクで何を言うわけでもなくリングを降りて、元子さんも含めて、そこからは誰もマイクパフォーマンスをしなかったんです。

玉袋　名シーンですね。いらないセリフを削ぎ落として、ただの人間の大河ドラマの一瞬を見せるっていうね。

木原　いま思い出しても震えますね。

玉袋　鳥肌が立っちゃいますよ。

木原　だから元子さん社長時代の全日本の日々は、いまでもボクの糧になっていますよ。

玉袋　いや〜、たまんないねえ。でも馬場さん、元子さんを含め、いま木原さんがお話をされた人たちのなかでも、すでに天に召された方がたくさんいるんですよね。

木原　本当にさびしいですよ。

玉袋　でも、こうやって語ってくださる方がいると、プロレスファンも「ああ、そうだった」って思い出すことができるし、いい供養になってますよ。

椎名　全日本系は特に亡くなった人が多いですもんね。

玉袋　竹内さんもいねえし、ジョー樋口さんもいねえし、もちろんジャンボさん、三沢さんまでいねえわけだからな。外国人レスラーだって、もうだいぶ星になっちゃってるよ。

木原　比較的若い世代のロード・ウォリアーズもいませんからね。

玉袋　俺なんか、いまだに夜中に昔の『全日本プロレス中継』を観ちゃうもんな。日テレジータスで『プロレスクラシック』とかやってるからさ。試合前のリング上に花束嬢がいるのがまたいいんだよ。

椎名　ドキドキしますよね。「襲われるぞ！」って（笑）。

玉袋　「危ない！　シークだ、逃げろ！」ってな。

木原　昔は番組提供スポンサーが一流企業だから、花束も立派で凄かったですよね。（リングアナ口調で）「試合前に日本テレビ、番組スポンサーより激励の花束の贈呈です」って。

玉袋　いいね～！　これが昭和だよ。

ガンツ　日本人選手に花束を渡すために、日本人が先に入場して、外国人があとに入場なんですよね。

木原　ボクらがそうしたんですよ。だからハンセンさんは、タイトルマッチのときに挑戦者だけどあとから入ってきたりとか。

ガンツ　そうじゃないと、花束嬢のいるリングにブルロープを振り回しながら上がって来ちゃいますもんね。

玉袋　危ねえよ。ハンセンは近眼なんだから。テレビを観てると、あの花束嬢は本当にハラハラするんだよな。

椎名　妙な性的な興奮もありますよね（笑）。

玉袋　昔の映像だと、古い形のワンピースを着てたりとかさ。正月の後楽園とかだと着物の人がいたりね。

「俺は子どもの頃、PWFのロード・ブレアース会長って、アメリカ大統領の次ぐらいに偉い人かと思ってたよ（笑）」（玉袋）

木原　当時のレスラーはみんな大きいんで、花束嬢との身体の大きさの違いがまた際立つんですよね。「そんな化け物みたいな人たちに、このお嬢さんたちが花束を渡して大丈夫か」とか。たしかにその絵面だけでいいんですよ。

玉袋　だってボボ・ブラジルなんか、渡された花束を食い出したからね。食用菊かよって。それをゴールデンタイムで放送してたんだから凄い時代だよ。ジャイアント・キマラとか、いまなら放送禁止だよ（笑）。

ガンツ　ジャングルの奥地から連れて来た未開の人ってキャラクターですからね（笑）。

玉袋　「あれはNG」って俺が言ってるんだから間違いねえ。「玉袋筋太郎」がNHKに出るようなもんなんだから。

椎名　ボボ・ブラジルの「ボボ」も九州だと放送禁止だとかありましたよね（笑）。

玉袋　あとPWFのロード・ブレアース会長ってどんな感じの方だったんですか？　昔から妙に気になってたんですよ。

木原　粋な人で、ハワイのサーフィン大会の司会とかもやっているんですよ。

椎名　タレントさんなんですか？

木原　元レスラーです。アナウンサーや番組のMCなんかもやられていたので、しゃべりも流暢なんでカッコいいんですよ。

玉袋　このあいだ馬場さんの本を読んだら、ロード・ブレアースさんとキング・カーチス・イヤウケアのことは「いいヤツだ」って書いてありました。イヤウケアのボートハウスにレスラーみんなが遊びに行くとか。

ガンツ サーフィン屋さんなんですよね。ロード・ブレアースやイヤウケア自身、もともとサーファーで。

椎名 ハワイのサーファーなんだ。カッコいい！

ガンツ ロード・ブレアースの息子はサーフィンの世界チャンピオンらしいですからね。サーフィンに関しては、グレイシー一族どころじゃないんですよ（笑）。

玉袋 俺、子どもの頃、ロード・ブレアース会長って、アメリカ大統領の次ぐらいに偉い人かと思ってたよ（笑）。権威が凄いあるなと思ってたから。

木原 あと「PWF本部ってどこにあるんだ？」って思いますよね。

玉袋 NWAの総本山、ミズーリ州セントルイスを地球儀で探したりね。

木原 だから子どもの頃からプロレスが好きだと、地理を覚えますよね。

椎名 アマリロとか（笑）。

木原 テキサス州だけでも、アマリロのほかにダラスとかサンアントニオにとか。日本国内も、全日本と新日本が全国各地からテレビ中継していたから、それで覚えたりとか。

玉袋 全日本プロレスっていうのは、大人になり歳を重ねるごとにそのよさがわかってくるんだよな。

「自分のプロレス生活は全日本で終わろうと思っていたので、これからどうしていこうかなと。またゼロからイチが作れるよう生きていく道を探します」（木原）

ガンツ 木原さんは、その全日本に40年近くいたわけですか？

木原 途中から社員ではなく個人契約になったんですけど、ずっと給料をもらっていたんで、36年くらいですかね。

玉袋 勤め上げましたね。

木原 リングアナは今年で35年。入ってすぐはやらせてもらえなかったんです。リングアナをやることは最初から決まっていたんですけど、ボクは広報の手伝いもしていて、会社に馬場さんにCM出演の依頼の電話が来て、ボクが受けたんですよ。社外の人に対しては、上司のことも「さん」付けはしないじゃないですか？　それで「馬場に関しては、絵コンテと企画書を送ってください」みたいな感じで言ったら、元子さんが聞いていて「この子は馬場さんのことを『馬場』って言った！」って怒り出して。

椎名 社会的な常識なのに（笑）。

木原 本当はその2〜3日後にシリーズ開幕戦があって、ボクのリングアナデビューも決まっていたんですけど、「こんな子にはさせられません」って言われて、無期限延期になっちゃったんです。

玉袋　カ、カテェ……。元子さん、カテェよ（笑）。

ガンツ　結局、どういうきっかけでデビューできたんですか？

木原　1年何カ月か経ったあと、馬場さんがテレビ収録のあとに大渋滞につかまって、運転していた仲田龍さんともども会場への到着が大幅に遅れたんですよ。そのときに龍さんが「木原はリングアナウンスができるし、衣装もあるので、やらせてみたらどうですか？」と言ってくれて、木更津倉形スポーツセンターで初めてやりましたね。

玉袋　急に「やれ」っ言われて、できちゃうのが凄いですね。

木原　選手のコールは初めてでしたけど、ジャイアントサービスの宣伝マイクとかは普通にしていたんですよ。「本日はご来場、誠にありがとうございます。ただいまリングサイド東側売店におきまして……」みたいな感じでね。

玉袋　いまの名調子が昭和の全日本だよな〜（笑）。

ガンツ　木原さんは先日、心ならずも全日本を退団されてフリーになられたわけですけど。プロレス界でこれからどんなことをやっていきたいですか？

木原　それがわからないんですよ、何をやっていいのか。おかげさまでいろんな団体の方からお声がけをいただいて、各所でいただいた仕事はやらせていただいているんです。でも、どこに身を寄せて、どうしたらいいのか……。喪失感なんでしょうね。

玉袋　40年近くやってきたところから去ったわけですもんね。

木原　いまボクは57歳ですけど、自分のプロレス生活は全日本で終わろうと思っていたので。それがなくなったいま、どうしていこうかなと。でも、いろんな方がお話をくださるので、またゼロからイチが作れるよう、なんとか生きていく道を探します。

ガンツ　プロレス業界で本物の裏方のプロって、人材がなかなかいないので、凄く重宝はされるでしょうけどね。

玉袋　「裏方」っていう呼び方はなんだけど、番組でも興行でもじつは裏方が大事だったりするからな。

木原　やっぱり裏方と選手、会社がリスペクトし合っている会社は上手くやっているんでしょうね。

玉袋　だから出方のほうもそっちを見る人間でありたいっていうか。俺も打ち上げなんかでは、タレントだけで飲みに行くんじゃなくて、番組の技術さんとかと一緒に飲みに行ったりしてるんだけどさ。そのリスペクトが基本だよ。そこを疎かにしてるタレントを見ると、嫌な野郎だなって思っちゃうもんね。

木原　そういう意味では、馬場さん、元子さんはボクら裏方

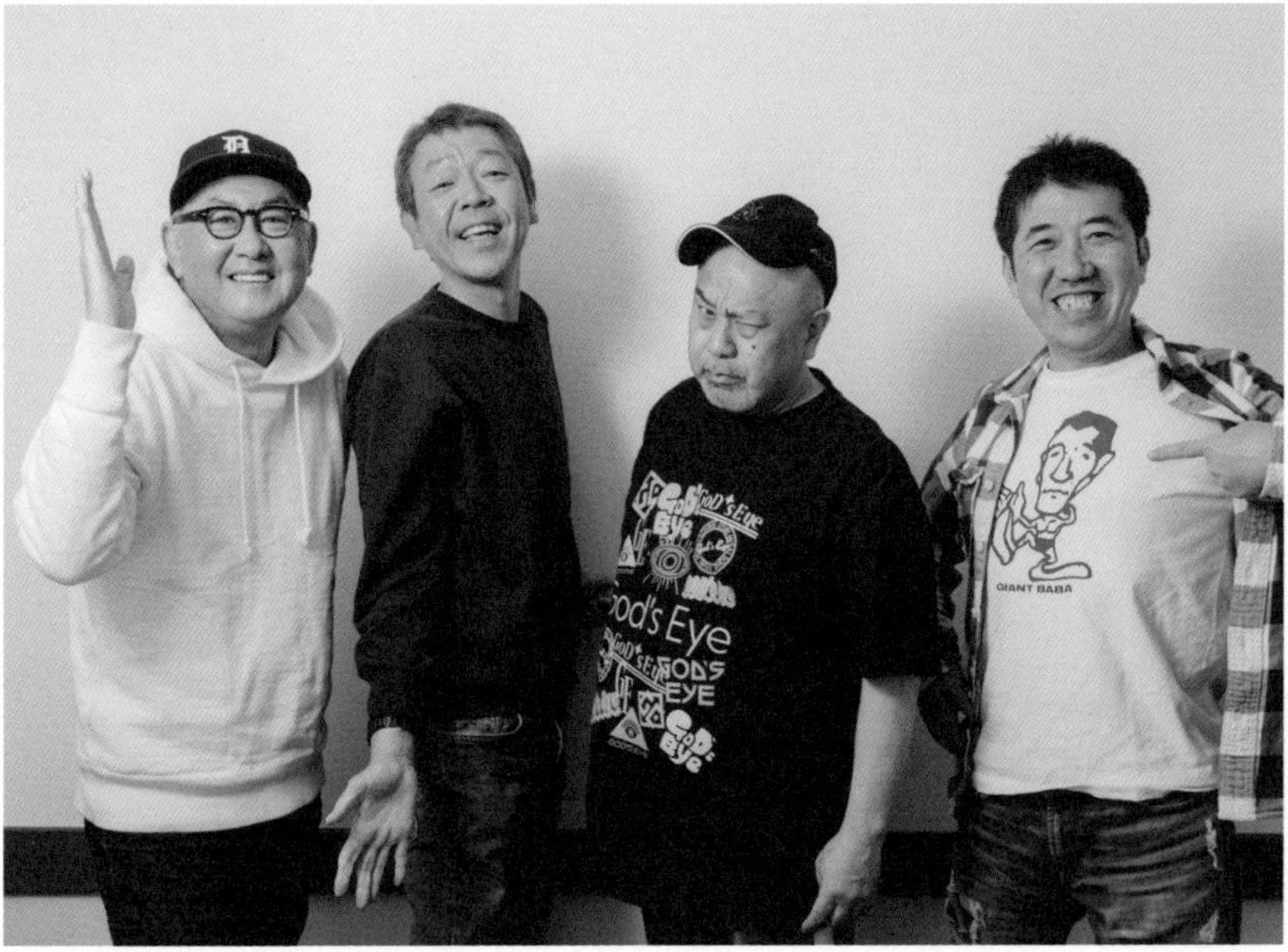

を大事にしてくれましたね。一緒に食事をさせていただいたり。そういうことがときどきあると、やっぱりお互いに気持ちが入るじゃないですか。

玉袋　そこは本当に大事だし、そうやって全日本プロレスを支えてきた木原さんや、リング屋さんを含めた裏方のスタッフには心からリスペクトだよ。

木原　そう言っていただけると、またがんばろうって思いますね。ありがとうございます！

玉袋　いえいえ、こちらこそ今日は昭和プロレスから現代までの流れ、素晴らしいお話をたくさんいただきましたよ。ありがとうございました！

自己投影観戦記
できれば強くなりたかった

第144回

格闘技は禁止すべき野蛮行為か？

椎名基樹

椎名基樹（しいな・もとき）1968年4月11日生まれ。放送作家。コラムニスト。

Ｎｅｔｆｌｉｘのコンテンツ『都市を歩く』を観た。と言ってもかなり前の話だ。２０２１年作品なので、鑑賞から3年ほど経っているようだ。この作品はマーティン・スコセッシが、女流コラムニストのフラン・レボウィッツに密着したドキュメンタリーである。彼女は自分の中に確固とした価値基準を持ち、世の中の事象を歯に衣着せぬ物言いで一刀両断することで、カリスマ的な人気を持つ人らしい。

ドキュメンタリーの内容はあらかた忘れてしまったが、その中ではっきりと憶えている部分がある。レボウィッツが、映画監督のスパイク・リーがホストを務めるテレビ番組に出演したときのことだ。ボクシングファンのスパイク・リーが、彼女にボクシングについてどう思うか質問した。彼女は「どうしてあれが許されているのか、理解できない」と答えた。

それを聞いて、私は目から鱗が落ちる思いだった。喧嘩は決闘罪によって、刑事事件として検挙される。闘った者同士の同意があっても罰せられる。刑事事件なので、片方の者が裁判に訴えることによって罪が発生するわけではない。暴力闘争は、おこなわれた時点で犯罪なのだ。

ならばなぜ、ボクシングは許されている？　キックボクシングもＭＭＡも、そしてプロレスもなぜ容認されているのだ？　スポーツだから？　ならばスポーツって一体なんだ？

そもそもスポーツと認知されることは、法律をも凌駕するのか？

プロレスはエンターテインメントファイトだから許されるのか？　しかし第三者から見て、それが「エンターテインメントファイト」であると、見分ける方法など存在するのか？　ましてや、腕にフォークを突き刺して大流血したりするのだ。

青木真也が、ボクシングの日本タイトルマッチのあと、試合中のダメージで選手が死亡したことについて、ＳＮＳで「安全管理を再検証して再発防止策を講じるのはもちろんのこと、格闘技競技がスポーツとして許されるのか否かの議論が一度あってもいいと思います」と問題提起した。それをきっかけにネット上で議論が白熱している。

青木は、この試合が年間最高試合に選ばれたことに対して「年間最高試合が死亡事故なのはその競技を疑わざるをえないと思うんですよね」と投稿した。それに対して、井上尚弥が「年間最高試合に選ばれたのは穴口選手へのエールでもあったと思います。受賞された40分後に息を引き取ったと聞いてますので皆さんには誤解だけはして欲しくないと思います」と、ＳＮＳでコメントした。詳述すると、これは青木真也の「死亡事故があった試合を、年間最高試合に選び、美談にすり替えるべきでない」という内容の書き込みに対して「年間最高試合が決定した時は、選手はまだ存命であり、死亡事故を美談にすり替える意図などない」と言うことを伝えるためのコメントだった。

しかし、選手がまだ昏睡状態にあるうちに、年間最高試合を決定したことは、私は浅はかとしか言いようがないと思う。もっと言えば、もし選手の命が助かったとしても、事故が起こった試合は、その対象外であるべきだ。事故が起こった試合を表彰することは、事故を肯定することに他ならない。そもそも年間最高試合とは、試合内容だけでなく、レフェリングも、興行の運営体制も、審査基準に含まれるべきだ。

青木の問題提起に対して、JBスポーツの山田武士トレーナーは「俺達ボクシング界は、コミッションと協会もある。本当に日々、ボクシング界発展のために尽力してくれている。安全面に関しては、常に協会やコミッションで議論してる。美談で済ませようとは思ってない。団体でルールも違う、誰でも出れるコミッションもない格闘技とは、雲泥の差がある」と投稿した。

それに対して青木は「山田さん。お久しぶりです。ボクシングと格闘技の比較にはしていないですよ。ダメージを与え合う格闘技競技が社会で認められていることが奇跡であって、この状況が続くためにも安全を考えなくてはいけないって話です」と返した。

私は、この議論に対して「誰でも出れるコミッションもない格闘技とは、雲泥の差がある」と、他の格闘技を批判することに言葉が及んでしまう山田トレーナーが、あまりに幼稚で、傲慢に思えた。そもそも、ご御大層なコミッションやら協会やらを備えながら、死亡事故を起こすことにこそ問題があるのではないのか。

青木真也の言う「格闘技競技がスポーツとして許されるのか否かの議論が一度あってもいいと思います」というのは、平たく言えば「謙虚になれ」ということだ。

いくら考えても、私には、ボクシング、格闘技、プロレスが、法律で規制されない理由を見つけることができない。はっきり言って、ファイティングスポーツは、違法行為を飯の種にしているのだ。

もしボクシング界の人間が、自分たちは、社会的に認められていて、オリンピックスポーツにもなっている権威ある世界に住んでいるなどと思い上がっているならば、自分の体臭をよく嗅いでみるべきだ。自分たちの存在の不確かさを認識することが、安全を担保する第一歩だと、青木真也は言っているのだと私は思う。

そして、なぜ私が、ボクシングも、キックボクシングも、MMAもプロレスも、ファイティングスポーツならばなんでも好きなのかと言うと、それが「法の外」にあるからだ。日常では禁止されているからこそ、ファイティングスポーツは魅力的なのだ。

ところで、今回取り上げた、死亡事故が起きた試合を、私は観ていない。いまから後追いで観ることも、怖くてとてもできない。だから文字からの情報しかないけれど、亡くなった選手は4度のダウンを喫したという。

私は、最近はファイティングスポーツ観戦といえば、ほぼボクシングが中心であるが、近頃の観戦歴を振り返ってみても、4度のダウンというのは、ちょっと記憶にない。アメリカやヨーロッパの現在の基準では、4度のダウンというのはありえないのではないか。日本の試合ストップの基準は、そもそも時代遅れではないのか？

プロレスがわかれば世の中が、
そして世界が見えてくる。

斎藤文彦×プチ鹿島

プロレス社会学のススメ

活字と映像の隙間から考察する

司会・構成：堀江ガンツ　撮影：タイコウクニヨシ

第49回

ますます狭くなった〝世界〟。

日本を代表するトップレスラー、オカダ・カズチカが2024年1月末の新日本プロレスとの複数年契約が満了後、契約を更新せずに退団。2月1日よりフリーとなった。そのためオカダの今後の動向に注目が集まっているが、本誌の締め切り時点ではその進路は明らかになっていない。

ひとつ言えることは、今回のオカダ新日本退団についてファンも関係者もポジティブなニュースとして受けとめているという点。かつてのプロレス界で幾度となく起きた離脱や移籍劇とはいったい何が違うのか？　検証してみよう。

「12年間あったオカダ時代。今回は〝離脱〟や〝退団〟というよりも〝新日本卒業〟と捉えるととてもスッキリします」（斎藤）

——今年のプロレス界は年明けから大きなニュースが続いていますよね。

鹿島　前号では棚橋（弘至）さんの社長就任について話しましたけど、今度はオカダ・カズチカ選手の新日本退団が発表されて。

斎藤　新日本の場合は毎年1月に契約更改があるので、この時期に大きな動きがありますね。

——日本人選手だけじゃなく、外国人選手もウィル・オスプレイ、タマ・トンガの退団が発表されたりもしました。

鹿島　いまから22年前の2002年に武藤（敬司）さん一派が新日本を辞めて全日本に行ったのもこの時期ですよね。

斎藤　まあ、一派というか武藤敬司が動いたことで、レスラーと社員に追従する人たちが何人もいて武藤敬司グループになっていったということですね。

——あの武藤一派が抜けるという大事件があって、それによって札幌の「猪木問答」につながって。

鹿島　ありましたね。猪木さんの中西学さ

んに対する「おめえはそれでいいや」をはじめ、名シーン、名セリフがたくさん生まれたっていう（笑）。
——だから武藤一派の離脱というのは新日本にとって大転換になりましたけど、今回のオカダ・カズチカ退団もそれ以来の大転換になるんじゃないか、という気がします。
鹿島　5年後、10年後、「あのときオカダが退団したのが大きく変わるきっかけになった」と言われるかもしれないですよね。
斎藤　いま10代、20代の若いファンは、22年前の武藤敬司の新日本退団－全日本移籍はもちろん、2016年の中邑真輔退団すらリアルタイムで経験していないだろうから、ボクらが考える以上に衝撃を受けているかもしれない。
——中邑真輔退団も気がつけばもう8年前という。ボクらにとっては「つい最近」という感じですけど（笑）。
鹿島　昭和のプロレスを見ている世代は、平成はすべて「最近」みたいな感じですからね。平成初期はもう30年以上前なのに（笑）。
斎藤　90年代は退団や電撃移籍、新団体の旗揚げが多かったので、そういう史実をたくさん目撃している層は今回のオカダ退団も客観視しているところがあると思います。武藤グループの移籍の2年前、2000年には全日本プロレスから所属選手のほとんどが退団して、新団体プロレスリング・ノアに大移動したのも大事件と言ってもいいし、もっと前で言えば、1984年の長州力率いる維新軍全員が新団体ジャパンプロレスとして全日本に移った大量離脱は、もっと衝撃的だったかもしれない。
——同じ1984年には第一次UWFもできていますからね。
鹿島　藤原喜明が雪の札幌テロ事件で売れた途端に移籍っていう。あれが40年前ですからね（笑）。
——フミさんと鹿島さんは、今回のオカダ・カズチカ退団のニュースを聞いてどう感じましたか？
斎藤　ボクは凄くポジティブに受け止めています。「やり尽くした感」という言葉はあまり好きじゃないけれど、実際にオカダ・カズチカが新日本でなすべきことは、すべてやり尽くしたのではないかとボクは思います。2012年の1・4東京ドームでアメリカから帰ってきて、翌2月の大阪大会で棚橋弘至に勝って一発でIWGPヘビー級チャンピオンになったときから数えて、〝オカダ時代〟というのは12年間あったわけです。そして2024年2月に同じ大阪で棚橋vsオカダのファイナル・マッチがおこなわれたのは、棚橋選手が社長に就任したからこそ実現したプロレスラー的発想の卒業式と言えるでしょう。だから今回の一件は、「離脱」や「退団」というよりも「新日本卒業」と捉えると、とてもスッキリする。
——12年ということは、東洋的に言えば暦をひと回りですから、次のステップに向かうちょうどいいタイミングなのかもしれませんね。

斎藤　小学校入学から高校卒業までが12年ですから。

鹿島　6・3・3ですね（笑）。

――玉袋筋太郎さんふうに言うと、オカダは新日本で〝おとなの義務教育〟を終えた時期なのかもしれない。違うか（笑）。では、鹿島さんはどう捉えましたか？

鹿島　ボクは第一報を聞いたとき、プロ野球のメジャー移籍を思い出しましたね。それも近年の。以前は、日本のプロ野球選手のFA移籍っていうのは、裏で話ができているんじゃないかとか、従来からの少しきな臭い、いい感じのストーブリーグ情報があったじゃないですか。

――業界内の裏の情報戦みたいなのもありましたね（笑）。

鹿島　でも日本のプロ野球選手がどんどんメジャーリーグに移籍するようになって、ここ数年はその流れがさらに加速して。昔はNPB（日本野球機構）で完結していたものが、WBCなどで世界とつながっているから、むしろ行きやすくなってますよね。

斎藤　日本のプロ野球のワクのなかにフィットしなくなった非凡なプレーヤーたちが「より高いステージとしてのメジャーへ」ととらえることが当たり前になっていますね。

「かつてアメリカのプロレスは日本とは別物感があったけど、中邑真輔らの先駆者のおかげでつながった感がありますよね」（鹿島）

鹿島　これはスポーツ新聞の記者の方が言っていたことで、なるほどと思ったのが、それによって「移籍の可視化」が進んでわかりやすくなったと。だから以前は、他球団のエースや4番が「また巨人に行くのか」みたいなことがあったけど、いまはそれがなくなって。業界の裏取引が効かないメジャーだからある種健全だし、逆に野次馬的な興味としてはおもしろくなくなったというか（笑）。

――昔の移籍話はドロドロしていたのに、いまはドライですよね（笑）。

鹿島　プロレス界の移籍も、昔はきな臭かったじゃないですか。

――天龍さんが全日本を離脱したとき、ターザン山本さんが「義理人情よりプロは金であることがはっきりした」と書いてましたけど、いまの価値観だとごく当たり前という（笑）。

鹿島　だからオカダ・カズチカのような大物が退団したら、2000年代前半くらいまでだったら「オカダ、新団体旗揚げか？」「誰が追従するのか」とか、盛り上がっていたりするじゃないですか。

――武藤敬司一派が全日本に行ったときもそうだったし、伝説のWJプロレス旗揚げだってそうですよ（笑）。

鹿島　ボクらもそういう話が大好きだったじゃないですか。それが「メジャーに行きます」だと「がんばってください」で終わっちゃう話で、ある種健全になりすぎちゃったなっていうのはありますよね（笑）。

斎藤　野球の場合、もともと日本よりもメジャーリーグのほうが遥かに高いところに

位置する、文字通り世界最高峰だったという大前提がある。日本人プレーヤーのレベルが上がったこともあるけれど、やはりトップクラスの年俸はゼロ1個は違うという市場の現実もある。そして日本のプロレスとアメリカのメジャー団体の関係もそうなりつつあると言えるんじゃないかと思います。

——昔はWWEがいくら盛り上がっていると言っても、日本のプロレスとは別物みたいな感覚がありましたよね。

鹿島　フミさんは週プロで書かれていた頃から、アメリカンプロレスを一生懸命啓蒙されていて、ボクもそのページを楽しみに読んではいましたけど、やはり別物感はありました。

斎藤　物理的な距離以上にアメリカのリング、アメリカのプロレスというものが遠いという感覚があったんです。

——また以前は、アメリカのメジャー団体が大金を投じてまで日本のスター選手を獲得に動くということがほとんどありませんでしたからね。

斎藤　それがネットの動画配信全盛の時代になって、アメリカのプロレスが日本でもリアルタイムで観られるようになって、その逆のパターンで日本のプロレスもまた海外のファンがストリーミングで普通に観られるようになったこともあり、確実に地球は狭くなったんです。中邑真輔がWWEへ行ってからもう8年が経とうとしているわけです。

鹿島　そういう先駆者がいることで、つながった感がありますよね。

——あとプロレスラーは誰がどれくらい稼いでいるかという情報には昔から敏感ですから。中邑がこれぐらい稼いでいると聞けば、トップレスラーが海外挑戦を考え始めるのも普通ですよね。

斎藤　日本のプロレス界にはなかなか1億円プレーヤーはいないけれど、WWEのASUKAの年俸はすでにワン・ミリオン（100万ドル）を超えていると言われている。

鹿島　日本円にすると1億5000万以上。夢がありますよね。

斎藤　だから日本人トップレスラーの海外メジャー行きっていうのは、女子プロレスもまったく平等なんです。イヨ・スカイしかり、カイリ・セインしかり、彼女たちはスターダムのエースだったわけですが、その選手たちが海外へ遠征したのではなくて、アメリカに引っ越して、WWEに活動拠点にして、チャンピオンになっている。

鹿島　すでにそういう時代になっているということですね。

斎藤　映像（動画）ということで言えば、WWEに行こうがAEWに行こうが、オカダの試合はこれからもリアルタイムで日本のファンは観ることができるんです。

鹿島　昔は海外武者修行となったら、情報が1回消えましたからね（笑）。

斎藤　たまに週プロやゴングに写真が載ったりして。

鹿島　あれはあれでよかったですよね。ロンダリングの時期で（笑）。

斎藤　でも、いまはスマホひとつあればリアルタイムで動画が観られる時代なので、海外に行くという感覚自体が以前とは大きく変わりました。

――WWEなんてロウとスマックダウンを毎週無料放送しているから、いまあらゆる女子プロレスの試合でもっとも気軽に観られるのが、イヨ、ASUKA、カイリらの試合になっていますからね（笑）。

鹿島　遠くに行ったはずなのに、ある意味で逆に身近になっているという（笑）。

斎藤　オカダ・カズチカもWWEに行ったらそういう感じになるでしょう。

鹿島　そう考えると、やっぱりオカダ選手は新日本での役割を終えて次のステップへ向かうという感じですよね。

「オカダ・カズチカにとっては、ここからまさにファイナルでベストの5年間が始まる。現役生活でいちばん充実した時間となる」（斎藤）

――昨年末に武藤さんに話を聞いたとき、「オカダの契約がどうなるのかは知らねえけど、まあ行くべきだろ」と言っていたんですよ。「おそらく、この先アイツの新日本で残っている役割って主に踏み台だからな」って。

鹿島　たしかに。

――武藤さんは「俺だってそうだったんだよ」とも言っていて。実際、2002年に全日本に移籍する前、1999年は中西学、2001年は永田裕志にG1クライマックスの決勝で負けているんですよね。だから猪木さんの格闘技路線が嫌だっただけじゃなく、自分はもっともっとトップで活躍できるという思いで新日本を出て、新天地を求めたという。

鹿島　今回もアメリカに行くことによって、また未知のオカダが見られますよね。

――ボクは去年、『週刊プレイボーイ』で武藤・オカダ対談をやったんですけど、武藤さんはそこでもそういう話をしていたんです。

鹿島　確実に武藤さんが焚きつけましたね（笑）。

斎藤　武藤さん自身、本当はWCWのあとはWWEに行きたい気持ちはあったんだけど、新日本の社内的な事情で行かせてもらえなかった経験がありましたね。

――だから対談で武藤さんが、「オカダ、おまえ、いまいくつ？」って聞いて、オカダ選手が「今度で36になります」って言ったら、「俺、全日本に行ったのが39なんだよ。だからオカダもそろそろ野心が芽生える頃だよな」ってことを言っていましたね（笑）。
斎藤　より高いステージに行くにはキャリア的にも年齢的にもいい時期なのでしょう。だからオカダ・カズチカにとっては、ここからまさにファイナルでベストの5年間が始まるということじゃないですか？　5年後の41歳でもまだまだトップで活躍できるとは思いますが、いま36歳のここからの5年間が現役生活でいちばん充実した時間になると思いますね。
鹿島　オカダ・カズチカの新日本退団が発表されたとはいえ、まだどこに移籍するか、この対談を収録している時点では決まってないわけですけど。この号が発売される頃にはオカダの進路は決まってそうなんですか？
斎藤　この号が出るのは3月アタマですもんね。その頃にはかなりの情報が出ているでしょうね。
鹿島　となると、行き先はＷＷＥかＡＥＷになると思いますけど、ズバリどっちに行きそうですかね？　去年の武藤敬司引退試合の対戦相手予想じゃないですけど（笑）。
斎藤　オカダ選手がどういうステータスに価値を見出すかによりますが、「より高いステージを目指す」という意味で言えば、ＡＥＷがそこに当てはまるとは思えない。ＡＥＷだったらむしろ新日本のほうが高い位置にあるので。
──ステータスとしてはそうですよね。ＩＷＧＰヘビー級のベルトやＧ１を何度も獲ったオカダ・カズチカが、ＡＥＷ世界ヘビー級王座を目指すって言われても、それがステップアップには感じられませんもんね。
鹿島　年俸はドーンと上がるのかもしれないですけどね。
斎藤　では、ＡＥＷのリングで闘うことがオカダにとってはどんなテーマがあるのかと考えた場合、ボクはこれといったテーマがないと思うんです。
──そこなんですよね。押しも押されもせぬ日本のトップになったから、今度は真の世界一を目指すというロマンもないですし。
鹿島　そのロマンがＷＷＥにはありますよね。
──実際、ＷＷＥの頂点に立った日本人男性レスラーはいまだにいないわけですしね。猪木さんのＷＷＦヘビー級王座奪取も非公式になっているし。
斎藤　ＷＷＥに登場した瞬間から、オカダvs誰々というのはすべて夢の対決なんです。オカダ・カズチカvsローマン・レインズ、セス・ロリンズ、コーディ・ローデス、ランディ・オートン、ドゥルー・マッケンタイヤー、ひょっとしたらブロック・レスナー、エトセトラ、エトセトラ。誰とやってもドリーム・マッチです。
鹿島　プロレス・スターウォーズですね。みのもけんじ先生の世界が現実になるという（笑）。展開は逆ですけどね。日本から世界にっていう。
斎藤　セス・ロリンズやローマン・レインズといったチャンピオンだけじゃなく、ほかのビッグネームもほぼすべてが初物になるので、カードとしての価値は大きい。

鹿島　ファンもそこに期待しますよね。

――AEWに行っても、大物のほとんど新日本に出ていた選手ですからね。

斎藤　ところがアメリカのマニア層のなかには「WWEに行ったらヒデオ・イタミみたいにされるんじゃないですか？」みたいな予想をする人たちも一定数いたりする。つまり「名前を変えられて、キャラクターを変えられて、変なギミックになるんでしょ？」という心配、懸念ですね。でもボクは彼らに対して「KENTAのときとは時代も状況も背景も違うから、WWEはオカダをオカダのままスーパースターとして受け入れるだろう。シンスケ・ナカムラがそうであったように」と分析、説明しているんです。

「プロレスの歴史を振り返るとピンチがチャンスだった。武藤敬司がデビュー1年で海外遠征に出たのも1日も早くスターにするためだった」（鹿島）

鹿島　マニアなりの心配があるんですね（笑）。

斎藤　そこがマニア心なのかもしれないけれど、「WWEに行って私のオカダが汚されてしまう」みたいな心配をしている人たちが一定数いたんです。でも、いまのWWEがオカダのネームバリュー、商品価値を過小評価するとは思えないし、WWEのリングに上がることでアメリカだけでなく世界市場でのオカダの知名度の上がり方はもの凄いものになると思いますよ。ビジネス的にはこれこそがウィン・ウィン。

鹿島　そうでしょうね。

斎藤　オカダ・カズチカは本名がリングネームだから、シンスケ・ナカムラと同様にそのまま英語化されるでしょう。ビンス・マクマホン時代のプロデューサーだったら、どこかステレオタイプな加工を施してしまうかもしれないけれど、トリプルHがオカダを恣意的にいじるとは考えにくい。

――最近のWWEは、他団体の大物選手をちゃんと最初から大物として扱いますもんね。

斎藤　だからオカダがWWEのTVに初登場するときは「ついにインターナショナル・スーパースターのカズチカ・オカダ来たる！」という形で発表されるでしょう。これはボクの希望も込みなのですが、ポール・ヘイメンくらいのグレードの人がもったいぶってイントロデュースしてくれることを願っています。そうでなければ、WWE本社ビルでのトリプルHとオカダの対面シーン、オカダが契約書にサインする場面まですべて映像に収めて、何から何まで特別なものにすることになるでしょう。

――日本のプロ野球で言えば、記者会見に王貞治さんや長嶋茂雄さんクラスが同席して、三顧の礼で迎え入れるみたいな（笑）。

鹿島　イメージとしては、大谷翔平がメジャー移籍したときみたいな感じですよね。

斎藤　スーツ姿のオカダの横にはやはりスーツを着たトリプルHが立っていて、テーブルに着席しての記者会見があってという、そういうイメージですね。

──見た目のベビーフェイスぶりとか、ちょっと大谷翔平とダブる部分はありますよね。

鹿島　重なりますね。

斎藤　アメリカ人が抱く日本人のステレオタイプでは日本人選手はアメリカ人選手より身長が低いという固定観念みたいなものがあるのかもしれないけれど、オカダは日本人離れした身体で、中邑真輔も長身ですが、オカダはさらに大きい。だからトリプルHの横に立ってもまったく見劣りしないと思います。

──それに「海外メジャー進出」と言っても、WWEじゃなかったら正直肩透かし感はありますよね。

斎藤　もしAEWだったら、少なくとも観る側にとってはあまりワクワク感がないというか、新しいモチベーションが見当たらない。

──AEWだったら新日本プロレスと協力関係にあるから、そんなに変わらない気がしますしね。来年の1・4東京ドームにも普通に出ちゃいそうだし（笑）。

鹿島　あんまり状況が変わってねえじゃねえかって（笑）。

斎藤　やっぱり新日本を退団するからには、さらなる高みを目指してほしいと思うんです。AEWがより高いステージと言えるかどうか。でもWWEなら新日本よりもビジネスの規模でも世界的なステータスでも上にいるわけだから。

──MMAで、UFCとほかのプロモーションが、日本のファンが思っている以上に規模やステータスに差があるのと同じように、WWEとほかの団体もぜんぜん違いますもんね。

斎藤　その差は大きいです。

鹿島　WWEに行くにしてもAEWに行くにしても、オカダ・カズチカはきっとどちらでも活躍するだろうなって思うんですけど。オカダが抜けた新日本はどうなりますかね。

斎藤　でも、そういうときこそ新しいスターが出てくるのもプロレスという生き物のおもしろいところなので。1984年のUWFと長州軍団の選手大量離脱のとき、新日本でヤングライオンだったのが闘魂三銃士でしたよね。あのときはみんな抜けて悲壮感が漂う藤波（辰爾）さんの主役感が高まったという現象もあったし、新弟子だった武藤、蝶野正洋、橋本真也らは道場で「じゃあ、俺たちすぐにテレビに出られるね」と喜んでいた。それがプロレスラーの発想というか感覚です。

鹿島　プロレスの歴史を振り返ると、意外とピンチがチャンスだったりしますよね。武藤さんがデビュー1年で海外遠征に出られたのも、1日も早くスターにするためだったんでしょうし。

斎藤　ヤングライオン杯が始まったのも、早く若手勢を上のほうで使えるようにするための企画でした。新日本の若手リーグ戦っていうのは、黎明期に藤波、藤原喜明、木村健悟、まだ本名時代のキラー・カーンこと小沢正志らが出場したカール・ゴッチ杯がありましたが、ヤングライオン杯はそれを復活させたものだった。

「4番バッターが抜けたら次の試合から誰かが4番を打つことになる。そのポジションを争うプロセスから真の4番が誕生する」（斎藤）

——全日本に目を向けても、長州軍団総勢13人が離脱して新日本にカムバックしたとき、天龍革命が起こった。1990年にSWSができて選手大量離脱が起きたときは、三沢光晴率いる超世代軍が大ブレイクしたという事例がありますよね。

斎藤　だからオカダ・カズチカが新日本プロレスからいなくなったことで、光り輝きはじめる人たちが確実に現れる。

——ただし、本当の意味でオカダ・カズチカに代わるような存在が出てくるのは、数年かかるんじゃないかという気もするんですよ。天龍革命の天龍さんや、超世代の三沢さんはすぐにブレイクしましたけど、ふたりの腹の括り方はハンパじゃなかったし。歴史に残る名レスラーがきっかけをつかんだものですけど。それ以外だと新日本で1984年に大量離脱があったあと、闘魂三銃士がメインイベンターになるまで5年くらいはかかっているんですよね。2002年の武藤一派離脱後、棚橋選手がIWGP王者になるまで4年半かかってる。

鹿島　そう考えると、ここから誰が頭角を現して、4～5年後にトップに立つかですね。

斎藤　もちろん、今年中に誰かが、オカダクラスのメインイベンターということにはならないと思いますよ。だけど、野球で言えば、4番バッターが抜けたら次の試合から誰かが4番を打つことになるわけで、そのポジションを何人かが争うことでそのプロセスのなかで真の4番が誕生する。

鹿島　若手の中で誰が次の4番になるのかは注目されますよね。

斎藤　海野翔太、辻陽太、成田蓮、上村優也の4選手でそれが争われるのでしょう。春にはもうそのドラマは始まっている。春にはニュージャパンカップがあって、6月に大阪城ホールがあって、夏にG1クライマックスがある。今年のG1で優勝したレスラーが、まずポスト・オカダの候補ということになるのでしょう。

鹿島　そう考えると今年のG1は大注目ですね。この先、10年間の新日本を占うかのような意味を持つかもしれない。

——新日本の新エース争いで言うと、ウソかホントかわからない眉唾な噂ですけど、新日本が清宮海斗に声をかけたという噂があったり（笑）。

鹿島　あっ、オカダつながりで言えば、2年越しの因縁がありましたもんね（笑）。単なる噂だとしても、そういう噂が出るだけで令和闘魂三銃士と上村優也の4人により火がつくかもしれない。

斎藤　清宮はすでに新日本のシリーズに参加しているし、パートナーはちょっと前までヤングライオンだった大岩良平ですね。

——でも大岩はキャリアはまだ3年ですけど、かなり動きはいいですよ。レスリングの実績もあるし、いまノアのリングで新日本とも海外武者修行とも違う経験を積めているので、近い将来、令和闘魂三銃士より上に行くかもしれない。

鹿島　こういうとき、誰がいちばんファンの支持を集めるかっていうのは読めないですよね。あまりにも団体側が推しすぎると、逆にファンはそこには乗らないというプロレスの伝統もあるじゃないですか。

斎藤　そういう部分もあるでしょうね。あの三沢光晴ですら二代目タイガーマスクを演じていた時期はあまり人気がありませんでした。それは佐山タイガーのすぐあとだったというのもあるけれど、あまりにもかわいそうなポジションだった。

鹿島　自分の個性を出すのではなく、タイガーマスクという他人がやっていたキャラクターを演じなきゃならなかったわけですもんね。

――タイガーマスクはやらされてる感がありありでしたけど、全日本が大ピンチのときにマスクを脱いだときは、自ら立ち上がってくれた感じが凄くしたから、ファンがみんな三沢さんに乗りましたよね。

斎藤　そして馬場さんの大きな決断があって、ジャンボ鶴田さんとの素顔に戻っての初対決で三沢がきっちりとフォール勝ちしたことが大きい。バックドロップからのフォールをさらに返してのクイック的なフォールという、完勝モードではない含みは残されていたとしても、あのジャンボさんからちゃんと3カウントを奪った事実は絶対だった。三沢が勝って、川田利明、小橋健太が彼を肩に担いで、普段は感情を見せない三沢が感極まって涙を流すというシーンがファンの心をとてつもなく大きく揺さぶった。

鹿島　あれはよかったですよねえ。

――事実上、あの試合がきっかけになって、全日本で両リン、反則決着がなくなり、それはすなわち三沢プロレスの時代になったわけですもんね。

鹿島　ポジションが上がっただけじゃなく、全日本のスタイル自体が、極限まで闘ってかならず決着をつける三沢さんのスタイルになっていったという。

「これからの新日本は令和闘魂三銃士の世代が中心になっていくにせよ、そこで誰が大きな壁となるのかも注目ですね」（鹿島）

斎藤　その三沢時代になった全日本に、スタン・ハンセンが大きな壁として立ちはだかったこともまた大きかった。ハンセンは「日本のプロレスには、日本人レスラーだけじゃなく、私のようなビッグ・バッド・ガイジンがかならず必要なんだ」と言い続け、それを実践していたんです。

鹿島　ハンセンも凄いですよね。もともと新日本で猪木さんの敵役だったのが、全日本で馬場さんの抗争相手となり、そのあとは鶴田、天龍。さらにその下の世代である三沢さんたちのバージョンにも対応できるっていう。

斎藤　いくら全日本プロレス四天王のプロレスが凄くても、ハンセンからカウント3

を取るというのはまた至難の業だった。実際、ハンセンは三沢にも川田にも小橋にも勝ち続け、それが説得力十分だった。

――90年代に入って、ウエスタン・ラリアットが進化しましたからね。

斎藤　ボクがハンセンから直接聞いた言葉で言えば、「(全日本四天王の) 4人は素晴らしいんだけど、あの4人だけで争っているあいだは社会のノームからまったく逸脱しない」という発言があったんです。それはどういうことかというと、日本人と日本人が職場で競争し、出世を争うのは、一般社会の構図、一般的な常識とまったく変わらない。プロレスはそうじゃなくて、一般社会では起こらないことを見せるものなのだ、という主張です。「私のように、彼らがいくら努力しても克服できないほどフィジカルが強く、身体が大きく、理屈ではどうにもならないガイジンをひとり入れておかないと、プロレスにはならないよ」と、ハンセンは自信を持って言っていました。

鹿島　素晴らしいですね。

――アスリート同士がやっているだけではほかのスポーツ競技と同じで、プロレスは〝怪物〟が混じっている非日常だからこそおもしろいということですね。

斎藤　だから四天王時代の全日本には、ハンセンやスティーブ・ウィリアムスに代表される飛び抜けた体格やフィジカルを持った外国人レスラーが必要だったんです。

――鶴田さんが病気で戦線離脱してしまったこともあって、ハンセンやウィリアムス、テリー・ゴディの〝高い壁〟としての役割は凄く大きかったですよね。90年代の全日本は、四天王がハンセンを超えていくまでがじつにおもしろかったと思います。

鹿島　だから、これからの新日本も令和闘魂三銃士の世代が中心になっていくにせよ、誰が大きな壁となるのかも注目ですよね。

――今年のG1クライマックスは、第1回G1の上位を蝶野、武藤、橋本真也が独占したように、上位は若い世代が独占しそうな気がするんですけどね。それが「これからは彼らが中心になります」というプレゼンにもなって。

鹿島　自民党の派閥解消みたいな感じですね (笑)。

斎藤　派閥解消 (笑)。

鹿島　日本のトップからメジャーへという、ほかのスポーツと同じような流れがある一方で、国内でもいろいろうごめいていくのが今年の日本のプロレス界かもしれないですね。

斎藤　全日本もいろいろありますね。ノアを退団した中嶋勝彦が「闘魂スタイル」を掲げて参戦して、三冠ヘビー級のベルトを持ったままNXTに行くことを宣言したり、その黒幕にはかつて猪木さんが被っていた白覆面を被ったサイモン・ケリーの影がチラチラしたり、そうかと思えばアントニオ猪木さんの知的所有権を持つ猪木元気工場が全日本と中嶋の「闘魂」に警告を通達したり。

鹿島　あそこまでいくとわけがわからないですけどね (笑)。

斎藤文彦
1962年1月1日生まれ、東京都杉並区出身。プロレスライター、コラムニスト、大学講師。アメリカミネソタ州オーガズバーグ大学教養学部卒、早稲田大学大学院スポーツ科学学術院スポーツ科学研究科修士課程修了、筑波大学大学院人間総合科学研究科体育科学専攻博士後期課程満期。プロレスラーの海外武者修行に憧れ17歳で渡米して1981年より取材活動をスタート。『週刊プロレス』では創刊時から執筆。近著に『プロレス入門』『プロレス入門II』(いずれもビジネス社)、『フミ・サイトーのアメリカン・プロレス講座』(電波社)、『昭和プロレス正史 上下巻』(イースト・プレス)などがある。

プチ鹿島
1970年5月23日生まれ、長野県千曲市出身。お笑い芸人、コラムニスト。大阪芸術大学卒業後、芸人活動を開始。時事ネタと見立てを得意とする芸風で、新聞、雑誌などを多数寄稿する。TBSラジオ『東京ポッド許可局』『荒川強啓 デイ・キャッチ!』出演、テレビ朝日系『サンデーステーション』にレギュラー出演中。著書に『うそ社説』『うそ社説2』(いずれもボイジャー)、『教養としてのプロレス』(双葉文庫)、『芸人式新聞の読み方』(幻冬舎)、『プロレスを見れば世の中がわかる』(宝島社)などがある。本誌でも人気コラム『俺の人生にも、一度くらい幸せなコラムがあってもいい。』を連載中。

斎藤　女子プロレスではスターダムの分裂騒動がある。これに関しては、ボクはボクなりに状況をいろいろ分析しているつもりなんですが、不確定だったり、タイミング的にまだ出せない情報だったりするので、また機会をあらためてお話できたらと思います。

鹿島　これはもう海外メジャーも国内も両方見ておかなきゃいけないですね。

斎藤　世代的にも時代的にも、プロレスが大きく変わっていく時期なので、これからも国内外のプロレスを注意ぶかく見ていきましょう!!

坂本一弘

馬乗りゴリラビルジャーニー（仮）

第42回
ソウルフード

構成：井上崇宏

（さかもと・かずひろ）
1969年3月4日生まれ、大阪府大阪市出身。
修斗プロデューサー/株式会社サステイン代表。

——坂本さん、永ちゃんの親子丼の話って前にしましたっけ？

坂本　矢沢さんの親子丼？　ごめんなさい、ちょっと失念しました。

——娘さんの矢沢洋子さんが家にいたら、外から永ちゃんが電話をしてきて「いま青山ですげえうまい親子丼を食わせる店が見つけたんだけど、テイクアウトいる？」って言うから、「食べたい！」って言ったら『なか卯』だったっていう（笑）。

坂本　はいはい、聞きました、聞きました（笑）。

——いや、このあいだ事務所の近くにできたラーメン屋にふらっと入って、ラーメンと半チャーハンのセットを頼んだら、そのチャーハンが美味すぎるんですよ。それで厨房を覗いたら女性の方が中華鍋を振ってたんですけど、マジでいままで食ったチャーハンでいちばん美味いんですよ。チェーン店なのに。

坂本　ほう。中華屋じゃなくてラーメン屋のチェーン店なのに、めちゃくちゃチャーハンが美味いと。

——それで1週間後くらいにもう1回行ったんですよ。このあいだは気のせいだったかもしれないし、あの日の体調があの味と合っただけかもしれないと。

坂本　まあ、そういうのありますからね。錯覚ってやつ。

——そうしたら今度は男の人がチャーハンを作ってたんですけど、やっぱめちゃくちゃ美味いんですよ（笑）。

坂本　もう誰が振っても美味いと。それ、なんか入ってんじゃねえの？（笑）。

——そう。その話を友達にしたら、「美味しければなんだっていいけど、それは化学調味料でしょ」と言われて。

坂本　まあ、そうでしょうね。ただ、いくら化学調味料を使ってもチャーハンは振り方とか返しも重要だから。

——そうですよね。だから「いや、味だけじゃないんだよな。ご飯のふっくら具合も

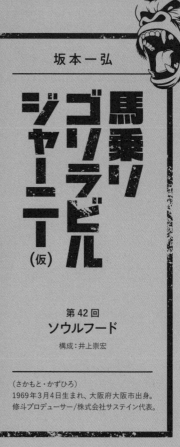

抜群なんだよ」と。それで先日、3回目ですよ。

坂本　行くねえ。

――今度は大井洋一を誘ってその店に行って、「とにかくここのチャーハンを食ってみてくれ。マジでヤバいから」って言ったら、大井が「そんなに？　ここ、チェーン店じゃないですか」って言うから「だからこそビックリしてるんだ」と（笑）。それでボクは大井がチャーハンを食ってるところを凝視していたら、「まあ、たしかに美味いっすね。普通に美味いっすよ」って言うから「そんだけ？」って聞いたら、「えっ、もっと褒めなきゃダメなの？　機嫌悪くならないでよ！」って怒られたという話です（笑）。

坂本　おっさんふたりが何をやってるんだか（笑）。

――それでふと永ちゃんのなか卵事件を思い出したんですよ（笑）。なか卵の親子丼だってめちゃくちゃ美味いですからね。

坂本　だから永ちゃんは浮世離れしているから、たとえば『富士そば』とかを食っても「美味いじゃん、これ！」って言う可能性があるわけですよね。

――昔、ジャイアント馬場さんが若手に「腹が減ったから、なんか買ってこい」と言ったらマックのフィレオフィッシュを買ってきて、「こんなの食わせる気か」とムスッとした表情で食べてみたら「なんだこれは!?こんな美味い食べ物があるのか!?」ってなって、そこからしばらくフィレオフィッシュばっか食ってたんですって（笑）。

坂本　だからね、俺らにも言えることだけど、なんでも知ったふうよりも、知らないほうが幸せなことって多いってことですよね、結局は。そういう名だたる人たちは普段からいろんないいものも食ってるわけじゃないですか。その「いいものを食べてる」ってことも大事で、だからこそ『なか卵』も美味く感じたんだと思うんですよ。それが変に知ったかぶりをして、「俺はあんなの食わねえよ」って格好つけて言うのは逆に恥ずかしいでしょ。『サイゼリヤ』だって、あの金額でなかなかのクオリティの食事を提供していますよ。大変な企業努力だと思います。うん、我々も教訓として忘れちゃいけないエピソードかもしれない。

――食は美味けりゃ正義ですね。

坂本　そう考えたら、人って誰しもソウルフードってあるじゃないですか？　井上さんのソウルフードって何かありますか？

――あっ、それは即答できます。地元の倉敷名物の『ふるいち』のぶっかけうどん。

坂本　それを子どもの頃に食べてて美味いと思ったと。問題はね、いま食っても美味いと思うかどうかなんですよ。

――おっしゃる通りです。「あれは部活の帰りに食ってたから美味かったんじゃないの？」と（笑）。それがですね、いま食べても死ぬほど美味いんですよ。いまでも帰省するたびに絶対に寄りますから。

坂本　じゃあ、本物だ。スキーをやってた男がスキー場ではカッコよく見えたけど、街で会ったらそんなでもなかったとか、人って錯覚するものだけど、そうではなかったと。

――では坂本さんにとってのソウルフード

はなんですか？　ここは前回のフライング・クロスチョップ論争同様、格闘家目線で語ってもらっていいですか？（笑）。

坂本　ソウルフードに格闘家目線とかねえだろ（笑）。

——じゃあ、現役時代、計量をクリアしたあとの一発目は何を食べてましたか？

坂本　それはね、すっげえつまんないから載せないほうがいいよ。「おかゆ」です。

——リカバリー用の身体に負担のかからないものですね。

坂本　だから計量が終わったらファミレスに行って、おかゆとかリゾット系を食ってましたね。あの塩味が格別だった。でも、それも錯覚ですよね。環境がなせる業で、いつおかゆを食っても感動的に美味いわけじゃない。

——たしかに。

坂本　だから人っていかに抑圧されているということが重要かってことですよね。おかゆが涙が出そうなほど美味いと思う。でもあのときのおかゆは錯覚の美味しさです。でも、さっき井上さんが言ってた地元に帰ったときにかならず食べるぶかっけうどんでしたっけ？　それはずっと美味いんだから錯覚じゃないわけですよ。で、いまそれを食べてるときに何を思い出します？　昔のあの頃の俺なのか、それともただ美味いなと思うだけなのか。

——それはいい質問ですね。あのですね、帰省するときに息子たちもいるんですけど、アイツらもそれが大好きなんですよ。だから帰るたびに「あそこのぶっかけうどんを食べに行くよね？」って聞かれるんです。

坂本　あのね、それがいちばんの幸せなの。自分が昔食ってたやつを子どもに食わせたら一緒に「美味い！」って言ってくれたと。それは格別じゃないですか。そのうどんはどんな高いフランス料理や満漢全席よりも、もっとも崇高な食事になっているんですね。それはめっちゃいい話。それももしかしたらプラスアルファで錯覚かもしれないけど、それは「いい錯覚」ですよ。

——そうですね。そのシチュエーション込みで「やっぱ美味いな！」ってなりますもん（笑）。で、坂本さんの本当のソウルフードはなんですか？

坂本　俺は子どものときに行ってた『たこ八』っていうお好み焼き屋なんですよ。

——そこのお好み焼きがめちゃくちゃ美味いんですか？

坂本　いや、そこで初めて食ったブルガリアヨーグルトのいちご味ですよ（笑）。「なんじゃこりゃ！」って衝撃を受けた。いまでも美味いもん。ブルーベリーとかも毎度美味しいけど、やっぱあのいちごのほどよい甘さ（笑）。ちょっと貧乏くさいけど、いちごは贅沢な食い物だからさらにプラスアルファされるんですよね。昔はフタの裏についてたやつもぺろぺろ舐めてましたからね。でもこれは余談だけど、いまはね、フタの裏につかないんですよ。ハスの葉っぱって水を弾くでしょ？　あの成分はなんなのかっていうことを研究して、新たにヨーグルトのフタを開発したっていう逸話がありますよ。だからもう裏にはつかない。

——トリビア！

坂本　だから俺のソウルフードは明治のブルガリアヨーグルトのいちご味（笑）。ほかにもあったけど、いま食うとそんなでもねえなってのが多いんですよね。いやー、井上さんがガキの頃に食ってたものをそうやって息子さんたちと一緒に食べに行くっていうのは、俺のある種の夢ですね。

——そんなに感動してくれてめっちゃうれしいです（笑）。

坂本　男にとっては息子と酒を飲めるのもそうかもしれない。今日のお題が凄くいいのは、井上さんからその話を聞けたことですね。そりゃ毎日食ってりゃ嫌になるかもしれないけど、帰省したときにかならず一緒に食って、「また連れて行ってよ！」って言ってもらえるよろこびっていったらね。またぶっかけうどんとか、そういうのがいいですよ。いま我々はファミレスでハンバーグを食ってますけど、「じつはこれが俺のソウルフードだ」って言われてもなんかちょっと違うでしょ（笑）。

——ブルガリアヨーグルトも同じような気がしますけど……（笑）。

坂本　（聞かずに）もしかしたら矢沢さんの娘さんも、矢沢さんから「青山でさ、うまい親子丼のお店を見つけたんだけど、いる？」って聞かれたら、相当なものを持ち帰ってくるんじゃないかと思ったかもしれない。高級な卵を使っていて、比内地鶏でとか、米にもこだわってるとか。でも矢沢さんは「これはここにしかねえんじゃねえか？」って唯一無二のものだと錯覚したかもしれないですよね。それって幸せですよね。それが唯一だと思える味に感じられたということがね。

——でも馬場さんのフィレオフィッシュなんて、錯覚の規模がめちゃくちゃデカすぎませんか？（笑）。マクドナルドなんてあちこちにあるじゃないですか。

坂本　たしかにそうですね。浮世離れするっていうのもひとつ幸せなことですよね。矢沢さんもそうだし、馬場さんもそうだし、みんながんばってきたからそれが美味く感じるんですよ。矢沢さんは「がんばってロックをやってきてカネも稼いだ、もうカネじゃない、ライブ終わりのビール1杯だけでいい」っていうようなことを言ってましたけど、やりたいことをやるために、またやったことの対価として、お金にはこだわらなきゃダメだけど、「本当はこの1杯だけで俺は十分なんだよ」と、そこの境地にまで行ってるわけじゃないですか。それはがんばってきた人だから言えることですよね。

——美味いものもたくさん食ったし、高価な物も手に入れてきたけど、最終それじゃなかったっていうことですよね。

坂本　だから井上さんにとってのぶっかけうどんは、いちばん安くて高価な食べ物なんですよ。それは誰にも味わえない。血の繋がってる息子が「親父、なにこれ!?」って言って、「おー、そうだろ!?」ってそこで歴史も語れるんですよね。『KAMINOGE』らしからぬ、凄くいい話ですよ（笑）。

TARZAN by TARZAN

ターザン バイ ターザン

はたして定義王・ターザン山本は、ターザン山本を定義することができるのか？「俺はもうピンと来た！　プロレスファンはいまこそロッシー小川に乗るべきなんじゃないかと思うんよ。あんな一度は破産した男がさ、スターダムで復活したこと自体が奇跡ですよ。そのスターダムを成功させて、ここでまた分裂をすると。あの男はプロレス界のなかで非常に高いレベルに達している!!」

絵　五木田智央　聞き手　井上崇宏

第五十三章

ロッシー小川

「みなさんが引き抜きがどうだこうだって低レベルな話をしていらっしゃるのがくだらないよ！」

――山本さん。ロッシー小川さんとは旧知の間柄ですよね？

山本　かぁ～っ、グッドタイミング！　俺はもうピンと来た！

――スターダムの創設者であり、エグゼクティブプロデューサーを務めていたロッシーさんが「多数のスターダムの所属選手やスタッフに対する引き抜き行為があった」として、その役職を解任されたんですよね。

山本　あのね、俺に言わせたら、これまでスターダムは女子プロレス界で一強と言われていたけど、ここでスターダムに残る選手とスターダムを出て行く選手に二分割されちゃうわけですよ。これはもの凄いインパクトというか、要するにこれを機に女子プロが日本マット界を制圧するチャンスが生まれたんですよ！

――えっ、日本マット界を？

山本　そうですよぉ。なのにね、みなさんは引き抜きがどうだこうだって低レベルな話をしていらっしゃるじゃないですか。かぁ～っ、くっだらない！　あのね、今回のスターダム分裂によって、女子プロレスが男子プロレスを凌駕して天下を獲るビッグチャンスになったんよ。俺はもうピンと来た！

――すみません、まだボクにはピンと来てないですよ。えっ、どういうことですか？

山本　あのね、いまの男のプロレスはドラゴンゲート的なさ、やった、やり返したという攻防プロレスなんですよ。そこには技術のやりとりだけがあって物語がないんですよ。それでね、あらためて「女子プロレスとは何か？」と考えたら、女子プロが繁栄するパターンは決まっているわけですよ。ズバリ宝塚なんですよ。つまり第1期だったらビューティ・ペア、第2期はクラッシュ・ギャルズ。これらも宝塚的な人気だったでしょ。

――女性が女性に憧れる的な感じで。

山本　そう。そして結局そこには悪役がいて、それにベビーフェイスが勝つという物語なんだけど、本物の宝塚は、歌と踊りがあって華やかで、男装もあるからダイレクトに女心を凄くくすぐるんだよね。だからビューティー・ペアやクラッシュ・ギャルズの勧善懲悪的な物語に宝塚のような演出を施していけば、さらに女子プロレスはもっともっと大きくなりますよ。俺はもうピンと来た！

――またピンと来た。

山本　結局、正義と悪という古臭いものが大事なわけですよ。正義のクラッシュ・ギャルズに対してダンプ松本とブル中野

TARZAN by TARZAN

という悪がいて、そこの対立構造がめちゃウケしたわけよ。それで悪のほうがデカくて強いわけ。だからいまの女子プロレス界にも悪くてデカいヤツが必要なんよ。それとベビーフェイスとの対立構造を作っていけば、ふたたび凄く大きな物語が作れますよ。このことに俺はもうピンと来て興奮してるわけですよぉ。

——山本さん、すみません。それと今回のスターダムの一件はどういう関係があるんですか？

山本　つまり、男子だと新日本が一強のように、スターダムが女子プロレス界の一強だったわけでしょ。それが崩れてしまうことによって、まったく新しいものを作ることのきっかけにもなるわけですよ。一強を壊したら全員にチャンスがあるわけですよ。そのことによって何かが終わってしまうけど、同時に新しいものが作れるんよ。頭がいいヤツが割って入ってこれるわけですよ。

「俺は常に何かが壊れるのを待ってるわけですよ！壊れるの待つか、壊れないのなら壊してみよう、ホトトギス！」

——結局ＵＷＦなんかも、分裂したことで広がりましたもんね。ＰＲＩＤＥとかリングスができたりして。

山本　そう。広がったんよ。だから一強化が崩れるというのは凄くいいことですよ。それでね、スターダムに残る選手たちは当然ブシロードが面倒をみるんだけど、出て行くほうは、その行く先に資金力のある人間がいたりだとか、あるいはアメリカのＷＷＥだったりするとまた流れが変わってくるわけじゃないですか。ＷＷＥは日本支部を作るチャンスですよ。そういう流れも見えてきたりして、俺はもうピンと来ているわけですよ。

——じゃあ、今回の騒動はとてもポジティブなニュースであると。もともと山本さんは、何かが壊れる瞬間が好きですもんね。

山本　俺は常に何かが壊れるのを待ってるわけですよ！　壊れるの待つか、あるいはぶち壊していくという（笑）。壊れないのなら壊してみよう、ホトトギス！　俺は泣くまで待てないわけですよ。だからいま、ロッシー小川は時の人じゃないですか。あんな一度は破産した男がさ、スターダムで復活したこと自体が奇跡ですよ。そのスターダムを成功させて、ここでまた分裂をすると。ロッシー小川という男はプロレス界のなかで非常に高いレベルに達しているな。あなどれんよ。あの男は意外とボーカーフェイスで打たれ強いところがあるからね。

——さあ、ではそのロッシー小川さんについていろいろ教えてください。

山本　まあ、おもしろいよね、小川宏は……。

——急に本名（笑）。

山本　あのね、これは何度も話してるけど、俺が1977年に『週刊ファイト』に入ったときに井上（義啓）編集長は俺にまったく仕事を与えなかったんよ。要するに俺は雑用係なんよ。だけど唯一俺に与えた仕事があって、読者ページに「ファンクラブ批評」というのがあってさ、その担当を俺にやらせたわけ。編集部になぜか知らないけど、膨大な数のファンクラブの会報誌が送られてくるんだけど、それが小佐野（景浩）くんと小林（和朋）くんがやっていた新日本プロレスファンクラブ『炎のファイター』であったり、宍倉（清則）次長がやっていた国際プロレスのFCだったり、あるいは『オール・ラウンド』や『ガッツファイト』、京都には大木金太郎のファンクラブ『韓国の虎』っていうのがあったりしたんですよ。

——大木金太郎のファンクラブはいいですね！（笑）。

山本　京都でひとり、孤高というか孤立して大木金太郎を応援していた人がいたんですよ。あとは清水（勉）くんが『仮面兄弟』というルチャ・リブレのファンクラブをやったりしていたわけよ。

——のちの昭和のプロレスマスコミたちは、もともとファンクラブをやっていたと。

山本　その小佐野くん、小林くん、清水くんなんかをチョイスして『ゴング』に入れたのが竹内宏介さんですよ。それを「少年探偵団」と呼んでてね。そこでおもしろいのが、あの当時、あの時代にだよ、ロッシー小川は女子プロレスのファンクラブをやっていたんですよ。

——最初からもう女子一択なんですね。

山本　一択！　ロッシーはなぜそれをやっていたかと言うと、あの男は写真学校に通っていて、それで全日本女子プロレスの試合を撮っていたわけ。写真は上手だし、あの男は文章もうまいんですよ。そこでアイツはフライングして、数あるファンクラブがあるなかで「俺は全日本女子プロレスのファンクラブで一番だ」って言ったわけよ。そういうフライング発言をしたことで、まわりからバッシングされたことがあるんだけど、彼の先見の明は凄いんですよ。だって、あの時代に女子プロのファンクラブなんかやらないですよ。みんな新日本をやりたいじゃないですか。その頃、ジミー鈴木もふたつくらいファンクラブの会長をやっていて、そういうファンクラブ文化の全盛期に、俺は「ファンクラブ批評」の担当が『週刊ファイト』での唯一の仕事だったんよ。

「ロッシーの家に行ったら、足の踏み場がないくらい山ほどプロレスグッズがあったんよ。『ああ、コイツはオタクか！』と」

——だから当時から山本さんはそのあたりの人たちのことは

認知していたわけですね。

山本　それで小川宏は、のちに松永兄弟に認められて全女に入社するわけですよ。普通はああいう会報誌とかを作っていた人間はマスコミに入るのに、ロッシーだけは団体に入ったんだよ。その動きも新しいというか革新的だったんよ。小佐野くんも小林くんも清水くんも、宍倉次長も、結局は『ゴング』の編集者になっているなかで、小川宏はいかに変わり者というか、ユニークというか、斬新というか。それで小川宏は全女の宣伝企画部でリングサイドで試合の写真を撮ったりしているから、自分が大好きな女子プロレスを毎日間近で観られるわけですよ。一挙両得なんですよ。なおかつ文章も書けてパンフレットも作れるわけだから、松永兄弟にとってもラクなんですよ。

——自ら率先して写真を撮るし、パンフも作るし。

山本　これが『ゴング』に入っていたらペーペーからやらなきゃいけないわけだけど、小川宏は一気に大ジャンプしてパンフレットの編集長ですよ！　とても頭がいい男ですよ！　それで俺が1980年5月に東京に出てきて、ベースボール・マガジン社の『デラックスプロレス』と『月刊プロレス』の編集部に入るわけじゃないですか。それで『月刊プロレス』のほうが女子プロを扱っていたんだけど、そこで俺と小川宏のつながりができるわけですよ。それで小川宏に記事を書かせてみようということになって書かせたら、まあうまいんだよね！　そのときにニックネームを「ロッシー小川」にしたわけですよ。それは俺がつけたのか、次長がつけたのか忘れたけど。

——ヒロシ、ヒロッシー、ロッシーで（笑）。

山本　だから彼は全女で働きながら、プロレス編集部とのルートも作って、書き手もやるという二刀流になったんですよ。あの男は全部の手際がいいというか、小回りがきくんよ。ただ、扱っているのは女子プロレスだから、当時は誰からも認められていないわけですよ。

——その地位を脅かす者もいなければ。

山本　でも全女というのは小さな劇団の一座の世界だから、全女内ではロッシーの存在は非常にもてはやされたわけですよ。そうして全女で確固たるポジションを作ることができたんよ。そういった意味では非常に見逃せない男だったんですよ。宣伝広報担当として、あの松永兄弟の絶対的な独裁政権の王国のなかでひとりだけ離れ島を作って好き勝手にやってたんだから凄いよね。あとね、ロッシーは昔からプロレスグッズを集めるのが趣味なんですよ。俺がロッシーの家に行ったらさ、もうルチャのマスクとかグッズだらけなんよ。もう足の踏み場がないくらい山ほどプロレスグッズがあるんよ。「ああ、コイツはオタクか！」みたいな。

——じゃあ、もう天職ですね。

山本　最初からそれを狙い撃ちして職業にした男ですよ！　しかも女子プロの魑魅魍魎、エゴイストの塊みたいな、爆発的にいじめをやってる世界でね。

——爆発的にいじめをやってる世界！

山本　全女のいじめは新日本の比じゃないからね。女のいじめはとてつもなく残酷で度を超えていますから。そういう女子プロレスラーとも絶妙な距離感で付き合えているロッシー小川は凄いですよ。

——まったく変な意味じゃなく、ロッシーさんってちょっと中性的な雰囲気がありますよね。オラオラしていないというか。

山本　中性的というか、非常に白と黒があったら真ん中みたいなところにいる男なんですよ。要するにグレーゾーンなんよ。半グレなんよ。

——半グレではない（笑）。

山本　そして常にポーカーフェイスでとぼけてるんですよ。電気抵抗がゼロみたいな男で、何が起きても無抵抗ですよ。そうして自分の世界、小川王国を築いていくわけじゃないですか。

「プロレス者は女にはモテないということが証明されたわけですよ。女性よりもプロレスのほうが好きなんだから」

——ロッシーさんは1回結婚されていましたよね？

山本　それがまたね、おもしろいんですよ。俺から見ると彼はオタクじゃないですか。だったら、もし彼が結婚するなら相手は女子プロレスのファンか、あるいは女子プロレスラーかっていう予測があったわけだけど、まあ、それは現実問題ないよね。かといって、一般人と結婚できるタイプでもないわけですよ。一般社会の外に生きている男だから。だから結婚の可能性はかぎりなく薄かったわけですよ。でもね、ロッシー小川は結婚したんだよね！　それである日、俺は彼から奥さんを紹介されたわけだけど、もうビックリしたもんね。ある企業の秘書をやってる人だったんだけど、非常に育ちもよさそうな感じで、もう俺は見た瞬間に「えっ、これはヤバい！」と。

——何がヤバいんですか？

山本　要するに彼とうまくやっていけるのかどうかが心配で。

——見た瞬間に（笑）。

山本　「これは非常にバランスが悪いよ……」と。どう見てもアンバランスなわけですよ！　お相手の人はビジュアルからして育ちのよさそうなお嬢さんで、どうしてロッシーはこんな女性と結婚することができたのかなと思ってさ、もう謎で謎で。しかも彼はプロレスファンだから結婚式をメキシコでやったんよ。メキシコに新婚旅行で行って、レスラーを集めて超派手な結婚式をやったわけですよ。地味なように見えて、やることは大胆で凄いわけですよ。ただ、プロレスとは非日常だけど、結婚は日常なわけだから「これはいったいどうなるんだろうな……」と思って見ていたんだけど、あるときロッシーが仕事でアメリカに行ったわけ。それでアメリカから帰ってきたら家のなかがもぬけの殻だったんですよ。

――えー。なんかそれと似たような話を聞いたことがありますね。

山本　つまり第二のターザン山本ですよ！

――いや、ロッシーさんのほうが先ですよね？

山本　あっ、俺が第二のロッシー小川か！　やっぱりアイツは全部が早いな。だからアメリカなんかだと普段から一緒にいなかったら奥さんが逃げてしまうっていうパターンがあって、サーキットから帰ってきたら家がもぬけの殻だったっていうレスラーがよくいたよね。彼はそのパターンをいち早く日本に輸入した男なんだよね。

――NWA王者！

山本　しかも短命ですよ！　だからお相手の彼女はなんのために結婚したのか、なぜロッシーを選んだのか、俺には全部がクエスチョンマークだったんですよ。そのあと彼は再婚していないからね。

――全部が大きなお世話ですけどね（笑）。

山本　結局ね、プロレス者というのは女にはモテないということが証明されたわけですよ。だってプロレス者は女性よりもプロレスのほうが好きなんだから、もともとが。プロレスLOVE指数が100なんだから、それは女性からするとつまらないよね。去って行きますよ。

――プロレス者はモテないということも、いち早く証明したと。

山本　それでね、結局全女は崩壊したじゃないですか。4・2横浜アリーナ、そして東京ドームをやってピークを迎えて。そのときにロッシーは松永兄弟の破滅を間近で見ていたわけですよ。だけど松永兄弟のエッセンスをいちばん学んだのも彼なんだよね。そしてそれを自分流にアレンジして、アルシオンやAtoZを立ち上げたんだけど、そこで失敗してしまった。アルシオンのときにはアジャ・コングと揉めて裁判沙汰にもなって。

「ここで風香が登場してきたということは何か匂うよなあ！　また合体して、協同作戦みたいなことがあるかもしれん」

――アジャとの裁判で負けました。

山本　そしてロッシーは自己破産をするわけよね。

――一時期は車上生活をしていたっていう。気になるのは、そのとき大量のプロレスのお宝グッズとかはどうしていたんですかね？

山本　いや、それは手放さないでしょ。あの男はそれだけは絶対に手放さないよ。家がなくてもアイツは絶対に売らなかったと俺は思う。俺はそうありたい。

――「そうありたい」じゃくて、「そうであってほしい」ですよね？（笑）。

山本　「グッズこそが俺の人生のすべてだ」と宣言してほしい。たとえ破産してホームレスをしていたとしても、そこだけはどこかにキープしていたんじゃないかと俺は信じたい。

――ロッシー埋蔵金ですね（笑）。

山本　だってあの男の頭のなかは常にプロレスとプロレスグッズなわけだから。でも結局は団体を2回潰したことでプロレス界から負のレッテルを貼られてしまったわけですよ。「これはもうロッシー小川もダメだ……」と誰しもが思ったというね。それなのにあの男はスターダムで復活したんだよね！　これは奇跡だよね。ロッシーという男がいかに底力があるかという証明をしたんよ。ゆずポン（愛川ゆず季）を確保したこともあの男の強運ぶりを見せつけた形で、そのゆずポン人気もあってガーッと復活して。

――そして、やがてブシロードに買いたいと思わせる団体にまで成長させたってことですよね。

山本　（急に小声になり）でもじつはね、スターダムの成功にはこんな理由もあるんですよ。たしかにロッシーはフロントとして、マッチメーカーとして伝統的な知識やキャリア、経験がある。でも新しい団体を束ねるためには選手を育てなきゃいけないわけですよ。それを裏側の見えないところで完璧にやったのが、じつは風香なんですよ。風香が選手を育てるのがうまいというか、指導が優れていたというか。だから結局、風香がスターダムのシステムをデザインして実行したわけ。風香なくしてスターダムの成功はなかったんよ。

――山本さん、やけに詳しいですね。

山本　これはみんなが言ってました。

――今回、その風香が小川さんのことをちょっと擁護するような発言をしていますよね。

山本　「引き抜きと言われてるけど、ちょっと私の認識と違う」とか「何年も一番近い場所で見ていた私は、たくさんの噂と違う真実を知ってる」とかね。ここで風香が登場してきたということは何か匂うよなあ！　もしかしたらふたりはまた合体して、協同作戦みたいなことがあるかもしれないんじゃないか？　新しいスターダムを創造するためには風香の力が必要であるということが見えてくるような、見えてこないような展開だよな。このタイミングでなぜ彼女があの発言をしたのかというのは非常に微妙じゃないですか。

「ビジネス一辺倒はつまらんよなあ。プロレスファンはいまこそロッシーに乗るべきなんじゃないかと思うんよ」

——ロッシー小川さんって今年67歳になるんですけど、バイタリティが凄いですよね。

山本　67歳になってもまだこんなことをやっているのかと驚くというか、そんな歳で業界を騒がせるのは珍しいよね。普通なら隠居生活ですよ！

——だから山本さんもそうですけど、やっぱりプロレス者は強くてしぶといですよね。

山本　ハッキリ言ってプロレス者に引退はない！　藤波辰爾さんが「生涯現役」って言うけど、それはレスラーの話でしょ。だけどレスラーというのは年齢とともにどうしても劣化するじゃない。でも俺たちプロレス者はフィジカルは関係ない。常に頭で勝負してるから。つまり生涯現場の生涯現役じゃないですか。それを貫いてるのがターザン山本とロッシー小川ですよ！　だから今回の一件で、現有勢力としてのスターダムは過去形になってしまったわけですよ。そしてこれからロッシーがやることは「新しい何か」になるわけで、そうしたらどっちを選ぶかの二択になった場合は、みんな期待感でロッシーに注目するよね。それでね、俺は今後のカギを握ってるのは長与千種だと思うんよ。

——えっ、チコさんが？

山本　うん。そして『ＫＡＭＩＮＯＧＥ』でも表紙になった仙女の橋本千紘が、優宇とチーム２００キロというタッグを組んでやってるわけじゃないですか。やっぱり女子レスラーはみんなベビーフェイスになりたいわけだけど、ここでもしあのふたりが超悪役でペインティングをして、カッコいいスターたちをガンガンにぶち壊していったらおもしろいんだよねえ。

——それは山本さんの妄想ですか？

山本　うん。悪役はダンプ松本やブル中野みたいに、デカくて迫力がなければいけないというのが俺の持論だから。実際にそういうタマがいるんだから、女子プロレス界は彼女たちを悪役にしてやればいいじゃないかと思ってるわけよ。あとはマーベラスに彩羽匠という選手がいて、これがまた凄くいいんだよね。だからスターであるジュリアと組ませてやったら最高じゃないかと思ってるんよ。だからキーワードは長与にあるんじゃないかと思って。

——ジュリアはＵインター時代の髙田延彦みたいなオーラがありますよね。絶対的なエースで、我が強くて、プロレスもうまい。めちゃくちゃカッコいいですよ。

山本　いま唯一のスターはジュリアですよ！　プロレスはうまい、ビジュアルもいい。カッコいい、とにかくあの目がいい。それなりの自分主義も持ってる。だからこれからジュリアを絶対的なスターにしなきゃいかんな。彼女を卑弥呼みたいにしてやるしかないよ。

——えっ、卑弥呼？

山本　えっ、俺、なんかおかしなこと言った？　いや、女帝王国というか昔の弥生時代的な……。

——いえ、どうして急に弥生時代までさかのぼるのかなと（笑）。

山本　いや、邪馬台国のトップは卑弥呼という女帝だったわけじゃないですか。だからもう邪馬台国に戻るべきかなと思ったんよ。ハッキリ言って、多くの国で女性が大統領や首相になってるけど、日本ではまだなっていないじゃないですか。そこでプロレス界で初めてね、女性が業界のトップに立てばいいじゃないかと俺はそう考えているわけですよ。いま、それが俺の妄想として出てきたから、ちょっと興奮してさ。

——それで最初の話に戻るわけですね。女子プロが日本マット界を制圧するチャンスが生まれたと。

山本　そう！　要するにさ、猪木さんが言う、環状線のなかのちっちゃなマイナーな世界から、ガーッと一気にマクロになるチャンスなんよ。

——ちなみに新日本とスターダムのオーナーであるブシロードは、山本さんにはどう見えてるんですか？　ブシロードとプロレスの相性というか。

山本　結局、ブシロードはビジネスオンリーの会社なので、つまり数字しか見ないと。売り上げを去年よりも伸ばさないといけないと。営業的にもずっと上昇しなければいけないと。株式会社だから、そのことが株主に対する自分たちの役割であるということを考えているから、ハッキリ言ってプロレス論とかプロレス哲学というものが欠けているわけですよ。とにかく売り上げを伸ばさなきゃいけない、数字を上げなければいけないというビジネス一辺倒の組織で、それって社会的には正しいんだけど、プロレスファンからするとちょっとつまらんよなあ。だからプロレスファンはいまこそロッシーに乗るべきなんじゃないかと思うんよ。

——ライド・オン・ロッシーですか。

山本　プロレス者ならプロレス者に乗るべきだ。ロッシー小川という70手前のプロレス者の最後の物語がいま始まったんですよぉ！

はたして定義王・ターザン山本は、ターザン山本を定義することができるのか？「俺はもうピンと来た！　プロレスファンはいまこそロッシー小川に乗るべきなんじゃないかと思うんよ。あんな一度は破産した男がさ、スターダムで復活したこと自体が奇跡ですよ。そのスターダムを成功させて、ここでまた分裂をすると。あの男はプロレス界のなかで非常に高いレベルに達している!!」

「元気があればなんでもできる」とはすなわち「元気がなければなんにもできない」。健康大事。

とっても怖い
脳の病気
くも膜下出血
脳出血
脳卒中
脳梗塞
クモ膜下出血は脳動脈瘤が
破裂することで起こります
ふーふー
後頭部をガラスの灰皿でぶん殴られたみたいでした
がつーんみたいな
40代から50代以上の人で
高血圧、喫煙、強いストレスのある人
なりやすい人
高血圧
喫煙
ストレス
前兆として
激しい頭痛や言語障害、嘔吐などがあります
こえーなー

ズッキン
ズッキン
うう
ズキ
ズキ
頭いてえ
なんでこんなに痛いんだ
深酒もしてないのに……
いてえ
こんな時間じゃ
医者もやってない
2:31
いててて
もしかしてあれか
ズキ
ズキ
くも膜下出血……
やばい……

そうか
分かったぞ
ツノが
枕に当って
変な
テンションが
掛かって
頭皮が
引っ張られて
痛いのか
ぐぐぐぐ
じゃあ
枕を首の
方に下げて
仰向けで寝れば
大丈夫だ
なんでツノが
あることに
なってんだ
鬼なわけ
ねーし
いくら
節分でも

KENICHI ITO

涙枯れるまで泣くほうがEマイナー

VOL.39

闘魂スタイル

伊藤健一

（いとう・けんいち）
1975年11月9日生まれ、東京都港区出身。格闘家、さらに企業家としての顔を持つため“闘うIT社長”と呼ばれている。ターザン山本！信奉者であり、UWF研究家でもある。

全日本プロレスの三冠ヘビー級王者・中嶋勝彦が、昨年から公言している「闘魂スタイル」について、アントニオ猪木のライセンス、肖像権などを管理する「猪木元気工場」（IGF）の実質的オーナーである湯川剛会長が、全日本プロレスへ使用停止を求める「警告書」を送付して話題になっている。いまのプロレスをほとんどチェックできていないので、SNSを眺めているだけだが、いまは新日本プロレス、全日本プロレス、NOAHに違いは感じないし、逆にいまの新日本が「闘魂」を掲げたとしても違和感を感じる。系譜的には長州力の弟子であった中嶋選手が「闘魂スタイル」というキャラを掲げるのはアリではと思ったし、猪木と体型がまったく一緒と言われ、毎日facebookで「稲妻ダァー!!」と猪木の弟子感をガッツリ出してくる木村健悟よりは、ふさわしいのではと思ってしまった（笑）。

ブラジリアン柔術の世界では、誰の弟子で、誰から帯をもらったかなどの系譜を重視しており、海外にはそこを研究するマニアがいるほどだ。ちなみにマニアによると、グレイシー柔術の開祖が前田光世の弟子という日本では定説になっていることが否定されている。系譜を重視すれば、前田日明の弟子である髙阪剛から格闘技を習った私も、アントニオ猪木の弟子になってしまう。

とは言っても、髙阪さんが猪木の孫弟子と言われてもまったくピンと来ないので、やっぱり系譜よりもその人の中に〝猪木〟が入っているか否かが重要なのだと思う。

そういえば青木真也選手も、たまに猪木の技術などを絶賛したりしているが、青木選手ほど競技で結果を出している人からしたら、机上の空論って絶対に理解しているはずなので、ビジネス猪木信者で、単に東スポに載りたいだけではと怪しんでいる。たしかに東スポの前田聡記者による青木記事はとてもおもしろいので、機会があればチェックしてほしい。

私自身は、日本プロレス時代、モハメド・アリ戦などもリアルタイムで観れてはいないが、幼稚園の頃からプロレスファン

の祖母に鍛えられており、東京出身でもあるので、小学生のときから頻繁に会場にも観に行けたし、神保町にも通って猪木書籍はほとんど網羅し、実際にご本人とも何度もお会いしている。40数年間、親の教えより、猪木イズムで生きてきた。完全なる猪木派と言っても異論はないだろう。

そんな生粋の猪木派なので、普段の生活のなかで同じ猪木派を感じられる人と会うと、自然と気が合ったりする。

先日、ABEMAの格闘チャンネルのエグゼクティブプロデューサーである北野雄司氏と、ふたりで食事をした。北野氏とは長年の知り合いだったが、しっかりと話したのは初めてだった。

北野氏は『新日本プロレスワールド』のプロデューサーもしていたので、実際に猪木とは何度も仕事でやりとりをしているし、自然に「猪木イズムだとやっぱり～だし」とか話してくるし、北野氏の志にはしっかりと〝猪木〟が刻まれていることわかった。

THE MATCHや武藤敬司引退興行など、数々のビックイベントを手掛けたその手腕は、猪木イズムあってのモノであったのだと考えると、「やはり」と思うところがあったし、世代的にも私より歳下の猪木信者はほとんどいないので、「無人島だと思ったら仲間がいた」ことが非常に嬉しかった。

その人のなかに〝猪木〟があるのかどうかは、じつは簡単に査定できる方法がある。それは大田区「池上本門寺」にある力道山の銅像を見に行くことだ。

私は数年前に初めて訪ねたのだが、その銅像を見た瞬間から強烈な殺気を感じ、いまにも「アゴ～」と靴べらでぶっ叩かれそうな雰囲気で、その後、数日間うなされた。

しかし、熱烈なジャイアント馬場派である『キン肉マン』の作者ゆでたまご嶋田先生は「えっ、やさしそうな銅像だと思ったよ」と言っており、猪木派と馬場派では、その銅像の印象がまったく違うのだ。

中嶋選手も、WJ時代から池上本門寺に力道山詣をしているようだが、銅像から殺気を感じているということならば、今後も胸を張って「闘魂スタイル」を名乗っていけばいいと思う。

マッスル坂井と真夜中のテレフォンで。

2/14

MUSCLE SAKAI DEEPNIGHT TELEPHONE

「行きたいラーメン屋が休みでやってなくて、普段は足が進むことのないわりとヤンチャな人たちが集うエリアというか、我々はなかなか近づけない、君子危うきに近寄らずのところにあるラーメン屋さんに初めて入ってみたんですよ。そこでテキーラ娘と出くわしたんですよ!!」

「先日、決算報告時にとんでもない消費税を払って絶望しているところですよ。もう無理です、本当に……」

——こちらでは毎月、東京－新潟でなるべく真夜中寄りの時間帯に電話でお話をしていますけど、今日は坂井さんが定期検診のために東京に来られたということでひさしぶりに対面式です。

坂井　3カ月に1回の定期検診でね。

——でも、こうして会って収録することもたまにありますけど、なんかいつも話があまり弾まないんですよね。

坂井　なんか調子が狂うんですよね……。だから本当はこのあと俺がホテルにチェックインして、真夜中寄りの時間帯に電話でやりたかったです。

——そう言われて、「じゃあ、いまは回すのやめときましょうか」と私が言ったら、「試しに録ってみます……？」と言われたのが2分前の会話ね（笑）。最近、元気してましたか？

坂井　……。

——対面だとそこまで言葉が出てこないか!?

坂井　いや、ちょっと疲れてるのかもしれない……。いまって2月中旬ですけど、年末年始の疲れがいまになって出てきてますよ。

——会社の決算期とかは関係なくて？

坂井　決算は11月だから、いまは気持ちを仕切り直してる時期。そのいちばん気を抜

構成：井上崇宏

いてはいけない頃に気が抜けている。

――11月決算ということは1月末に決算報告？

坂井　そうです。先日、とんでもない消費税を払って絶望しているところですよ。もう無理です、本当に……。

――絶望からまだわずか2週間ですからね。

坂井　何をやってもうまくいかない。だから、なんか最近あった話をして笑わせてください。

――高圧的だな。そうそう、このあいだね、飲み会の帰りにひとりで歩いてたら、そんな飲んでたわけでもないのにいきなり目が回りだして、そのまま道端にパタンとぶっ倒れちゃって。よく街で酔い潰れてる人がスマホを放り投げてて心配だなってシーンがあるじゃないですか？　あれを自分がやってて、「ああ、スマホがポケットから出ちゃったな。ああ、目が回る……」って（笑）。

坂井　えっ、そんなにヤバいの？

――「えっ、なんで？」ってくらいヤバいのよ。それで通りがかったふたり組の若者なんかが「あの人、大丈夫？　超死んでんじゃん」って言ってる声が聞こえてきて、「ああ、俺は死んでるように見えてるのか」と思って。そうしたら「うーんと、大丈夫ですか？」ってね、白髪でメガネをかけていて、下はスーツのコート姿のね、ちょっと弘兼憲史タッチの紳士が声をかけてきて。

坂井　俺はいま、ユナイテッドアローズの人のイメージだよ。

――あっ、ユナイテッドアローズの人かもしれない（笑）。

坂井　アローズの本社の人ですよ、絶対（笑）。

――で、そのアローズが「大丈夫ですか？」って声をかけてきて、「すみません。それがちょっと大丈夫じゃないんですよ……」って答えたら「大丈夫じゃないよね？　お水飲む？」「ああ、できたら飲みたいかもです」って言ったら、「ちょっと待って。このまま動かないでね。横になってていいからね」って近くのスーパーに入って行ったんですよ。こっちはもう頭がグワングワンなんだけど、「あの人、超いい人だな」とか思うでしょ？　そうしたら「はいはい、これ、お水」って500ミリのペットボトルを渡されて。

坂井　アローズ、めっちゃいい人だなあ。

――「すみません、本当に。いただきます」「うんうん。どう？」みたいな。それで水をグビグビって飲んだらすぐに調子がよくなって、「ああ、お水のおかげでだいぶ落ち着きました。本当に助かりました。このお水のお金を……」って言ったら、「いや、いいのいいの、お水なんか！」と。「マジですみません。ぜひ今度お会いしたときにお水をおごらせてください」と。

坂井　お水を？（笑）。

――まだ酔ってるからね（笑）。そうしたら「いや、今度はあなたがね、今日のあなたみたいに倒れている人を見かけたら、お水を買って飲ませてあげて。じゃあ」って言って去って行った。

坂井　マジか！　カッコいいー。

――カッコいいでしょ？　それが翌日もずっと頭に残ってて「しかしカッコよかったな、あの人」と。「俺も倒れてる人を見かけたら絶対に水を買って渡すぞ」と思って。で、そのまた次の日もまだその出来事が残ってて、同じ決意をして。

坂井　思いやりの炎が消えないんだね。

――そう。そうしてまたその次の日も同じ感じで。で、私のなかではもう神話になっちゃってるから「あのお水、なんだったんだろう?」と。

坂井 それは銘柄が？（笑）。

――そう（笑）。それで、なんとなくラベルを憶えてたからそのスーパーに行ってみたんですよ。で、ミネラルウォーターのコーナーに行ったら、でっかいスーパーだから種類がいっぱいあるなかで「あっ、これだ！」って発見して。そこのスーパーのプライベートブランドのやつで59円でした。

坂井 ちょっと待った。おい、ちょっと待った！（笑）。

――「そうだよな。見ず知らずのヤツをちょっと回復させるためだったら、俺もこのいちばん安いのを取るわ」と。

坂井 ちょっと灯火が消えてるじゃないですか！

――いやいや、消えてなくて合点がいっただけ！「うん、俺でもこれを選ぶ」と。だって、そこで高価な水を飲ませる必要がないじゃん。

坂井 まあ、たしかにそこでペットボトルのキャップが取れないタイプのAQUAは買わないよね（笑）。

――ほら、坂井さん。すっかり元気が出てきたじゃない。いい顔してる（にっこり）。

坂井 なんか59円の水を飲んだかのように元気が出てきた。いや、酒の話で言うと、俺はこのあいだ3人くらいでちょっとした新年会をやったんですよ。それで居酒屋でだいぶ飲んで解散をして、俺と30手前の若者とふたりで新潟駅のほうまでてくてくと歩きながら「ラーメンでも食うか」ってなって。だけど行きたいラーメン屋が2軒くらい休みでやってなくて、それでちょっと普段は足が進むことのない、わりとヤンチャな人たちが集うエリアというか、我々はなかなか近づけない、君子危うきに近寄らずの……。

「店のおばちゃんがカウンターの客に『ほらほら、テキーラ娘のおでましよ！』って言ったんですよ」

――どんなところに住んでんだよ（笑）。

坂井 そういうエリアが新潟駅前にあるんですよ。そこに昔からあるラーメン屋があって、「あっ、ここに入ってみようか」ってなり。

――昔からあるけど、入ったのは初めてですね？

坂井 そう。で、入ったら中年の男女ふたりがやってるお店だったんだけど、カウンターに酔っ払いの客がひとりいる感じで、すでにお会計は終わってるんだけどなかなか帰る、帰らないをやってて。それで俺らはメニューを見ていたら、カランカランってうしろからひとり入ってきて、もう見るからにギャルですよ。そうしたら店のおばちゃんがカウンターの客に「ほらほら、テキーラ娘のおでましよ！」って言ったんですよ。

――テキーラ娘のおでましよ!?（笑）。

坂井 そうしたらお店のご主人も、「おっ、テキーラ娘のおでまし！」って言ってて（笑）。そうしたら、そのギャルがしゃなりとカウンターのスツールに腰をかけてね、お店の人は奥の業務用冷蔵庫からキンキンに凍ったネームタグがついてるでっかいテキーラのボトルを持ってきて、いつの間にかカウンターにご主人と奥さんと、テキーラ娘の3人分のショットグラスが並べられているんですよ。それでテキーラ娘が3杯作って、無言で乾杯して一気に飲むんですよ。

――カウンターにいた酔っ払い客は？

坂井　そいつはもう、「やべえ……。テキーラ娘が来たあ！」みたいな感じでそそくさと帰りました(笑)。「いやいや、なに、テキーラ娘って？」と思って。

——でも、そこにいたんでしょ？

坂井　いた。それで俺はずっとキョロキョロしながら観察していて、店主たちがひと仕事終えるたびにテキーラが3つ用意されてて、それをテキーラ娘に飲まされてて。俺がラーメンを注文してから作り始めるまでのあいだに、そのご主人はテキーラ3杯飲んでるんですよ。「大丈夫か？」と思いながら。

——テキーラ娘のおでましだなあ（笑）。

坂井　それで、そのテキーラ娘はずっとスマホでYouTubeを観てるんですよ。たぶんですけどヨネダ2000か、オダウエダか、天才ピアニストのチャンネルを観てて。それでめっちゃかわいいんですよ、そのテキーラ娘。

——なかなか近づけないエリアにはドラマがありますね。

坂井　それで「で、頼んだラーメンは来るのかな？」と思ってずっと待ってたんですけど、店主はテキーラ娘からめちゃめちゃテキーラを飲まされてるのに、めちゃめちゃ美味いラーメンが来たんですよ（笑）。本当に美味しかった。

——テキーラ姫が通うだけあって（笑）。

坂井　美味い。味噌ラーメンにカレーのルウがかかっただけのカレー味噌ラーメンが完璧なバランスなんですよ。それで家に帰ったあと「さっきの出来事は幻だったのかな？」と思って「新潟駅前」「テキーラ」、それとネームタグに書いてあった名前がちょっと特徴的だったから、その3つのワードで検索してみたんですよ。そうしたら新潟の夜の情報サイトのスタッフブログみたいなのが出てきて、「事件発生です！　1月31日」みたいな日記があって、「顔がむくんで、むくんで、仕方がありません！　やっぱりテキーラ飲みすぎたかな？」って書いてあって、「あっ、テキーラ娘だ！」と思って（笑）。

——もうビンゴ？

坂井　完全にビンゴ。で、そのあともう1回そのラーメン屋に行ってみたんですよ。それで店主に「あの、このあいだテキーラ娘っていたじゃないですか」って聞いたんですよ。「ボクが見た、あの人って幻ですかね？」って。

——初恋じゃねえかよ（笑）。

坂井　そうしたら「いやいや、あのあと、私、テキーラ25杯ですよ」って言われて（笑）。

——25杯！（笑）。

坂井　テキーラ娘は店が閉まるまでいて、そのあとも1軒つきあって、それで朝までテキーラ25杯だって。それで「あのコ、次は来週の月曜日に来ますよ」って言われて（笑）。しかも「紹介しますよ」ぐらいの感じで言われて。

——でも月曜日に行かなかった？

坂井　行ってない、行ってない。

——でも向こうには伝わってるよね。「このあいだテキーラ娘を気にしてたおじさんが来たよ。今日もしかしたら来るんじゃないかな」みたいな。そのエピソードをつまみにその日も25杯いったでしょ（笑）。

坂井　でも、こうして『KAMINOGE』とかで話すんだったら、そういうときは行って会ってこなきゃダメですよね。で、俺もアローズやりたいよ。

Nº147 KAMINOGE

次号 KAMINOGE148 は
2024 年 4 月 5 日（金）発売予定!

いつもは東京 - 新潟での電話収録のマッスル坂井さん。
今回は珍しく対面式で、目の前で
ICレコーダーをマイクのように持って話すので、
ちょっとイライラしてしまいました。

2024 年 3 月 13 日
初版第 1 刷発行

発行人
後尾和男

制作
玄文社

編集
有限会社ペールワンズ
（『KAMINOGE』編集部）
〒 154-0011
東京都世田谷区上馬 1-33-3
KAMIUMA PLACE 106

WRITE AND WRITE
井上崇宏
堀江ガンツ

編集協力
佐藤篤
小松伸太郎
村上陽子

デザイン
高梨仁史

表紙デザイン
井口弘史

カメラマン
タイコウクニヨシ
工藤悠平

編者
KAMINOGE 編集部

発行所
玄文社
［本社］
〒 107-0052
東京都港区高輪 4-8-11-306
［事業所］
東京都新宿区水道町 2-15
新灯ビル
TEL:03-5206-4010
FAX:03-5206-4011

印刷・製本
新灯印刷株式会社

本文用紙：OK アドニスラフ　W A/T 46.5kg